《艺术之约》（美术卷）

主编/音渭 林锜

艺术之约

Rembrandt

伦勃朗

音渭 金诗蕴 编著

山西出版传媒集团
山西教育出版社

图书在版编目（CIP）数据

伦勃朗 / 音渭，林锜主编 ；音渭，金诗蕴编著. -- 太原 :山西教育出版社, 2015.9

（艺术之约）

ISBN 978-7-5440-6160-5

Ⅰ.①伦… Ⅱ.①音… ②林… ③金… Ⅲ.①伦勃朗，H.（1606-1669）-传记 Ⅳ.①K835.635.72

中国版本图书馆CIP数据核字(2015)第054129号

艺术之约·伦勃朗

（YISHU ZHI YUE LUNBOLANG）

音渭、林锜 主编 音渭、金诗蕴 编著

出 品 人 雷俊林

策 划 人 孙 轶 魏雪萍

责任编辑 海晓丽

装帧设计 王春声

出版发行 山西出版传媒集团·山西教育出版社

（地址：太原市水西门街馒头巷7号 电话：0351-4729801 邮编：030002）

印 装 山西臣功印刷包装有限公司

开 本 889×1194 1/32

印 张 6

字 数 92千字

版 次 2015年9月第1版 2015年9月山西第1次印刷

书 号 ISBN 978-7-5440-6160-5

定 价 28.90元

来赴一场艺术之约

（代序）

绘画是人类天生的艺术。人们从孩提时代，便懂得用简单的线条勾勒眼中的世界。

好花不长开，好景不长在，有人却能用画笔将一刹那定格成永恒；平凡的事，平凡的物，有人却能带人们发现它的美好，赋予其新的生命；有形的景，无形的情，有人却能将情感挥洒成动人心魄的色彩，唤起深深的共鸣。

这样的作品，这样的人，都是我们耳熟能详的。它们永恒地铭刻在人类文明史上，深植入我们的头脑，构成我们基本的常识。这套书，便是一封跨越世纪的邀请函，翻开它，来赴一场艺术之约。

它讲的是美术家的人生，同时用人生的河流串起每一处绝妙的风景，也就是他们的作品。他们的生命从哪里开始，他们有怎样的家庭、怎样的童年、怎样的爱情、怎样的病痛，又怎样成长、怎样探索、怎样谋生，那些伟大的作品又是在什么情况下诞生……你会在这里一一找到答案。

他们其实不是艺术圣坛上那一张张用来膜拜的画像，而是跟我们每个人一样，有血有肉，有哀有乐。米勒有一个温暖快乐的童年；雷诺阿生了一个成为20世纪著名导演的儿子；高更最先是一位从事金融业、收入丰厚的绘画“票友”；梵高直到生命的最后一年才卖出一幅画；毕加索情人无数，80岁时还迎娶了35岁的妻子；蒙克一生在亲人去世、病痛、烟酒、精神癫狂中度过，却活到81岁高龄……每一幅经典画作，不再是展览墙上的木框，而是与鲜活的生命相联系。你从未如此真切地感受那些线条与色彩是由怎样的双手来勾勒。

当这许多位美术家汇集到一起，又串起了一部美术史，他们是美术史的链条上最璀璨的珍珠。每一本书都不是孤立的，而是互相呼应，他们是自己的传主，同时又是其他传主的背景。有时，几位名家同时出现或前后承接，你会发现他们在时间和空间上竟如此相近。你仿佛徜徉在巴黎的卢浮宫，漫步在枫丹白露森林，沉浸在浓厚的艺术氛围中。你看到他们在塞纳河畔背着画夹写生，在学院的画室研究着比例与笔法，在街角烟雾缭绕的酒馆进行着思想的争鸣，在为参加各种沙龙而忙着选画、贴标签、装箱、布展……

你的美术素养不再停留在知道几幅画作、几个名字上，你与艺术的联系更加紧密。你会在一场美术展览中关注画作的派别和技巧，你会在子女接受美术教育时找出最经典的画作，你会在某个地方旅行时说出哪位美术家曾与你走过同一段路。

更重要的——你会更加深刻地感受到艺术的美好。面对安格尔的《泉》，你是否为少女洁白自然的胴体而赞叹？面对米勒的《晚钟》，你是否为农民的虔诚、宁静、纯洁而感动？面对雷诺阿的《煎饼磨坊的舞会》，你是否听到阳光在树叶的空隙中欢跃喧闹？面对梵高的《向日葵》，你的双眼是否被那火焰般的明亮点燃？

林　锜

2015 年 6 月于北京

目　录

第 1 章：童年：做命运的主人

磨坊主的儿子

提起今日的荷兰，人们的脑海中总会浮现出这样一幅油画：遍地的郁金香竞相开放，河畔的风车悠悠转动，一切静谧美好。然而，今日荷兰人民安居乐业的生活却是经历了历史上很多次艰苦卓绝的斗争才得到的，发生于1568—1648 年荷兰人民争取独立的"八十年战争"就是其中色彩浓重的一笔。时光回到 16 世纪中叶，西班牙愈来愈残酷的统治激化了其与荷兰的民族矛盾，荷兰人民在奥伦治家族的带领下奋起反抗。16 世纪末，反抗西班牙的斗争取得了初步胜利，荷兰共和国成立了，由此荷兰进入了

“黄金世纪”。社会经济日趋繁荣，文化艺术也取得了辉煌的成就。伟大的时代造就伟大的人物，我们今天要说的艺术家就生活在这个波澜壮阔的年代，他就是荷兰历史上也是世界历史上最伟大的画家之一的伦勃朗·哈尔曼松·凡·莱因。

1606 年 7 月 15 日夜晚，莱顿。

莱茵河水静静流淌，密布在河边的风车吱吱呀呀地转着。这是一个再寻常不过的夜晚，劳作了一天的人们都已经围坐在餐桌旁，谁也无法预料这里将要降生的生命日后会流芳百世。一阵清脆的啼哭让焦虑的磨坊主赫尔曼·孟里斯特·凡·莱因松了一口气，他的小儿子平安降临。到教堂受洗的时候，给孩子取名——伦勃朗。

磨坊主的妻子、伦勃朗的母亲柯莉里亚·凡·苏德布鲁克是个面包师的女儿，她体格健壮，面色红润，温柔可亲，与伦勃朗的父亲一起，靠勤劳的双手置办起了位于库利克和雷耶多夫两个村庄之间莱茵河支流河畔上的麦芽磨坊家业。他们都是虔诚的基督教教徒，恪守加尔文新教伦理准则，他们崇尚劳动与智慧，对懒惰和行乞嗤之以鼻。母亲承担着向孩子们传授教义的责任，她教孩子们祈祷。每到晚上，孩子们围坐在摇曳的烛火边，簇拥着捧着《圣经》的母亲，听她讲《圣经》中的故事。这些简单但却蕴含着无穷道理的小故事成了开启童年伦勃朗心智的一把钥匙，他常常乖乖地依偎在母亲的腿边，聚精会神地听母亲讲述，思绪随着故事插上了翅膀，越飞越远。此时的母亲和伦勃朗都无法意识到，这样的启蒙是多么的重要，这些《圣经》中的故事成了伦勃朗一生取之不尽的宝藏。而母亲善良的性格、轻柔的声音更是深深地印刻在小伦勃朗的心中，成为他心底永远清澈的一汪湖水。

伦勃朗的父亲作为一家之主，除了要在磨坊忙碌，更是家里拿主意的人。他早早地为他的六个孩子（四男两女）谋划好未来的出路。伦勃朗在这六个孩子中早早地就显示出较高的天分，父亲决定尽全力培养他，让他上莱顿大学学习法律，将来做个律师，进入上流社会，成为凡·莱因家族的荣耀。而伦勃朗的兄弟姐妹们就没有这样幸运了，他们只能在父亲的安排下去学习一门技艺，或者继承父业做磨坊工，或者做铜匠、面包师，以谋求活路。然而即便如此，父亲下定决心栽培伦勃朗一个孩子已是很不容易，因为凭借磨坊生意的收入供伦勃朗读大学，意味着要倾尽自己全部的积蓄。但是这有什么关系呢，这世上没有比能看到孩子出人头地更让父母开心的了。

伦勃朗的祖父母也生活在附近的小镇上，他们以开一个小杂货店为生。祖父是参加过反对西班牙统治大暴动的为数不多的健在的老人，他虽年迈但却结实硬朗，性格豪爽，崇尚自由。童年时的伦勃朗尤其喜欢缠着祖父给他讲当年荷兰人民争取独立的战斗故事。作为很多战事的亲历者，祖父总能把这些真实的事件描述得绘声绘色。小伦勃朗往往听得入了迷，仿佛那些刀光剑影、嘶喊追杀就在眼前，那些不怕流血牺牲的荷兰民众成了他能想象到的最伟大的英雄。对于祖父这种经历过生死的人来说，再没有什么是他好畏惧的。每次讲完历史之后，他总免不了对现实的问题发发牢骚，甚至无所顾忌地破口大骂，毫不掩饰地喊着:“我是一个反叛者，一个真正诚实的反叛者!”“记住，孩子！比金钱更重要的是名誉，比名誉更重要的是自由。”自由的种子渐渐地在小伦勃朗的心中埋下，并成了他一生的苦恋。这个倔强的老头真是够刚硬，临终前为了能自在、安静地离去，他竟然鼓足最后的力气把不请自来要为他祈祷的牧师赶跑了。

这就是伦勃朗的慈母、严父、倔祖父。小伦勃朗沐浴在家人浓浓的亲情中，快乐茁壮地成长。可是成长的不仅仅是他的身体，还有他越来越强烈的绘画兴趣与自主意识。

绘画天赋萌发

童年是最无忧无虑的时光，也是自然天性最能得到流露和展现的阶段，还没进入学堂的伦勃朗尽情地享受着快乐。

荷兰的乡村是极其美好恬静的，澄澈高远的天空，潺潺流淌的莱茵河水，郁郁葱葱的树木，错落有致的屋舍，小伦勃朗就常常在这种如诗般的环境中嬉戏玩耍，奔跑追逐。玩累了的时候就呆呆地坐在石头上观察着眼前的一切，草地、野花、风车、沙丘、海滩、帆船，变幻莫测的天空和云朵，还有劳作的工人和农民，跟在主人身后摇着尾巴的小狗，渐渐地他就在身边的土地上用小手划拉起来。有时候他就在这样的观察中陷入了遐想，小手托着下巴一动不动，似乎害怕一眨眼，跟前的景物就会消失了似的。这个时候，他总会表现出同龄孩子少有的安静。

有一次，父亲的一位朋友来他家做客，发现小伦勃朗的涂鸦中有绘画的天赋，便送了一盒颜料给他，还建议他父亲能够在绘画方面培养孩子。但是伦勃朗的父亲早已为他设定好了一条自己看来再好不过的道路，所以就没把朋友的建议放在心上。况且，作为加尔文教教徒的父亲向来对艺术抱有偏见，他无法想象成为画家的儿子会比律师好到哪里。即使抛开为家族争取荣耀的考虑，伦勃朗的父亲也了解到很多画家的人生充满了戏剧性的变化——此时名声大噪彼时却又潦倒落魄。当个画家在别的国家有教会或者皇室养着，但是在当时的荷兰就得完全靠市场，得迎合别人的口味来创造，一旦没有人买画就得饿死，有很多画家最后就是在济贫院中死去的。这种现实导致父亲更加坚定了阻止小伦勃朗成为画家的想法。

但是事实往往不遂人愿，这兴趣根本不是说阻断就能断的。小伦勃朗刚得到父亲的朋友赠送的颜料便爱不释手，好奇地研究着这些神奇的色彩，这可是伦勃朗人生中第一次接触颜料。时间在玩耍和沉思中飞逝，转眼间，伦勃朗已满 7 周岁了，父亲便将他送到附近的一所拉丁文学校接受正规教育，并规定他放学回来后要和其他孩子一样，参与家里磨坊的劳动。父亲盼望着伦勃朗能按照他设想的轨迹成长，可是伦勃朗对画画的兴趣却越来越强烈，竟然私自收藏了一些路加·凡·莱登的作品，并且还对父母信誓旦旦，说自己要当一个像路加·凡·莱登那样伟大的画家。

圣诞节临近，伦勃朗小心地对父母说自己想要一盒颜料作为礼物，父亲听到这话就来气，更别提满足他的愿望了。但是母亲心疼孩子，在平安夜的时候送给伦勃朗一个礼盒，里面是一盒精美的颜料。这可把伦勃朗兴奋坏了，他忙扑到母亲的怀里并亲吻了母亲。父亲为这事还责怪了母亲，但是母亲并没吱声。虽然母亲也从心底里不愿伦勃朗踏上绘画之路，但是她实在忍受不了孩子那渴望的眼神和苦苦的哀求，她不愿如此残忍地扼杀孩子的天性。

上了学的伦勃朗依然那么精力充沛，不仅很聪明，而且还越来越有主意了，这令父亲感到深深的不安。在学校里，遇到不喜欢的句法课，伦勃朗就打瞌睡。他知道父亲不支持他画画，他就在上学或者放学的路上偷偷地画，他的笔记本上总是画满了图画。每天迎着朝阳伴着晚霞上学、放学，伦勃朗都会沐浴在不同状态的光里，时而明亮，时而暗淡，有时是滚滚的火红，有时是温暖的金黄，伦勃朗被变幻的光深深地吸引了，他揣摩着如何才能用画笔把不同状态的光表现出来。

伦勃朗对光有着天生的敏感。放学后他常常在磨坊里帮父母干活，就在劳作的间隙，伦勃朗惊奇地发现：在晴朗的白天，风车的转动将照射进磨坊的阳光有规律地切割开来，屋子里忽明忽暗，明的时候整个屋子都亮堂起来，暗的时候就漆黑一片。伦勃朗被这种快速的明暗交替的场景震撼了。他无时无刻不在想着如何能把这种对光的感受表达出来。

画家的眼睛总会看到一般人无法看到的事物。伦勃朗小小年纪就能在寻常的生活中捕捉到绘画的兴奋点，实属不易。但是观察到的越多，疑问随之也多起来，即使再有天赋的人也必须通过后天的努力学习才能释疑解惑、进步发展。此时的伦勃朗迫切地需要一位前辈来指导他、教育他，把他这块璞玉打磨出耀眼的光彩来。

选择人生之路

伦勃朗满 14 岁那年，父亲拿出几乎全部的积蓄，送他上了莱顿大学。父亲高兴得合不拢嘴，凡·莱因家族终于有一个可夸口的、有着卓越地位的儿子了，想到这十几年的悉心栽培，酸甜苦辣全部涌上父亲的心头。但是父亲高兴得太早了，小伦勃朗的确进了大学，可是他没有认真听过一堂课，没有接近过任何一位教授和任何一本法律方面的书籍。当父亲还没有回到韦德斯蒂格村的老磨坊的时候，他转身就去找莱顿城里一个叫雅各布·凡·斯瓦宁堡的有点名气的画家了。因为早就听说斯瓦宁堡在招收学生，于是伦勃朗自行决定到他那里报到。

斯瓦宁堡的画室早就招收了好几名学生了。小伦勃朗一见到斯瓦宁堡就有好感，高高的个子、留着长长的络腮胡子的斯瓦宁堡在伦勃朗眼中俨然是一副很有风度和气质的“艺术家”形象。但是小伦勃朗根本没有足够的钱交画室的学费，他凭着一腔热情找到斯瓦宁堡，“我没有钱交学费，您能不能让我听课？我很喜欢您的画，保证会很认真地学习的。”斯瓦宁堡不知怎么就被眼前的孩子打动了，大概他又看到了一个像自己当年一样的孩子吧，斯瓦宁堡就这样不取分文地收下了伦勃朗这个小徒弟。斯瓦宁堡为人很风趣，也很随和，只要他在，画室里就充满了活跃的气氛。伦勃朗每天从莱顿大学的住处到斯瓦宁堡的画室上课。在这里他接受了正规的绘画基础训练，他如饥似渴，刻苦认真。

时间过得很快，伦勃朗的绘画水平也进步很快，他迅速掌握了一些绘画的基本方法。在斯瓦宁堡的画室学习让伦勃朗觉得很愉快，但是莱顿大学那边就不那么让他开心了。小伦勃朗每天坐在教室里，他装着在听课的样子，桌子底下放的却是他最爱的画册和画笔，他每天如痴如醉地揣摩着名家的作品，心里觉得法律课的时光真是难熬极了，他多么希望听到下课的钟声呀！有一次，莱顿大学的教授在讲课时，看到小伦勃朗不断点头附和的样子，点名要这位学生回答问题：“伦勃朗，请问针对刚才的案件，你认为我们应该怎样审理呢？”小伦勃朗其实是在看画，哪里是在认真听课呀！多亏同学捅了捅他的胳膊，他才慌慌张张地站起来，憋得满脸通红地答道："这……这……全部抓起来，关进牢里。"全班同学愣了几秒之后哄堂大笑，教授这才意识到原来这名看似认真的学生从头到尾都在神游！教授顿时气得小胡子一翘一翘的，怒气冲冲地说："伦勃朗，如果你不能认真听课，那就直接退学好啦！"小伦勃朗最后还是在大家的注视下被"请"出了教室。但是他非但没有对教授"退学"的恐吓感到害怕，反而得到了机会，像一只小鸟一样飞快地奔向了斯瓦宁堡的画室。

鉴于他的学习态度和表现，学校要求他自动退学，他只好写信告诉父亲。父亲收到这封信后勃然大怒，当即把信撕成碎片，大叫道："真是逆子，我要跟他断绝父子关系！"小伦勃朗害怕父亲的怒火，最后只能央求斯瓦宁堡亲自出马到韦德斯蒂格村去劝说他的父母。斯瓦宁堡到了伦勃朗家中之后，先不疾不徐地四处看看，当他看到伦勃朗家里条件一般，就明白了伦勃朗的父母的想法：他们指望儿子学习法律，将来好出人头地。斯瓦宁堡的心中瞬间就有了主意，他开口问道："先生，您看我的生活与那些莱顿城的名人们比，如何?"老伦勃朗看见斯瓦宁堡衣着光鲜、彬彬有礼的样子，就认定他是上流社会的富人了，答道："看您的样子，您的生活一定舒适惬意吧！"斯瓦宁堡哈哈一笑，又说："那么小伦勃朗会比我过得更好，因为我在他的身上看见了非凡的绘画天赋。所以你们可以放心地把他交给我，我一定好好教他画画，把他培养成一流的画家。"斯瓦宁堡寥寥数语道破了伦勃朗父母的心思，并巧妙地将他们说服，他们终于同意伦勃朗继续在斯瓦宁堡那里学习画画，并且付清了伦勃朗所欠的学费。

其实，斯瓦宁堡表面上的"说服"不过是父子争端中父亲绝望的放弃。儿子早就对父亲说过："如果让我在大学里消磨五年光阴，学那些枯燥乏味的东西，并和那些游手好闲的家伙们一块儿酗酒、追求城里的女仆或者以其他时髦的方式全盘葬送自己的话，我根本不想去当你们所认为的文人雅士！我只想做一个你们认为地位卑微的画家，因为在画家那里学到的东西，无论如何也比枯燥的法律有用得多！"

父亲虽然伤心，但是终于明白，强迫孩子学他不愿意学的知识是不可能的。省吃俭用地让他受最好的教育，他能学到多少，到头来只能取决于他的热情。如果伦勃朗执意要学画画，不管设置多少障碍，最终他也是会倾注所有热情去学的。父子两人的斗争，最终以父亲的妥协而告终。

父亲只能逢人便说：“这孩子是当画家的命！由他去吧。”

在斯瓦宁堡处的学习，转眼间就快三年了。伦勃朗迅速地成长，他越来越感到不满足。虽然他从斯瓦宁堡那里学到了基本的描绘方法，但是斯瓦宁堡自称的“意大利教学方式”有些生硬，他不太喜欢。

也许因为血管里流的就是尼德兰民族的血液，伦勃朗对传统的东西非常感兴趣。业余时间，他看了大量文艺复兴时期尼德兰画家的作品。路加·凡·莱登就是其中一位，人们又称之为“莱顿的路加”，路加是伦勃朗小时候最喜欢的画家，可以说伦勃朗当画家的志向就是看了他的铜版画之后立下的。路加是16世纪莱顿出的一位天才，是当时活跃在尼德兰的杰出画家。他用刀刻法制成的版画在尼德兰取得了卓越的成就。

伦勃朗很早接触他的著名版画《大卫和扫罗》时，就被画上这两个人物的形象深深吸引住了。特别是扫罗的形象震动了伦勃朗。由于当时伦勃朗还小，说不上原因来，只知眼睛离不开扫罗，觉得这个人物的表情不是他能够理解的简单的表情。当伦勃朗在斯瓦宁堡这里再一次看见路加的这幅作品的时候，他才真正理解了这个人物异常复杂的表情与一种奇特的心路历程有关。画上扫罗的一只眼睛满怀敌意地注视着远方，另一只眼睛目光优柔寡断，惶惶不安，阴沉地凝神思索着。由于上帝耶和华厌弃了扫罗，将自己的灵魂降临到了年轻的牧童大卫身上，扫罗因此受到嫉妒折磨，他时而感到宽慰，时而又丧失理智，流露出一种被遗弃、孤独而又走投无路的神情。

路加的艺术造诣令伦勃朗佩服得五体投地，然而最使伦勃朗赞叹的还是路加和别的同时代的荷兰画家的不同。路加始终探索人类那隐秘的心理状态并加以强烈的表现和处理，从而使其作品蕴含着一种力量。伦勃朗欣赏路加作品的另一个原因就是，即使路加刻画现实生活，也总力图使现实显得宏伟崇高，他笔下概括出的现实，有着纪念碑式的特征却又不走向程式化。

伦勃朗在艺术上受到路加的感染，他强烈地意识到：发现自己民族艺术的使命需要他这一代人承担。作为一个莱顿人，他以路加为骄傲，更何况，伦勃朗还想成为整个莱顿的路加呢！

伦勃朗还需要继续学习，他知道自己在绘画方面的造诣还远远不够。伦勃朗在创作大量人物写生的过程中，暗暗立下了自己的目标，努力去探索和捕捉人物的内心，努力尝试表达人的内在精神世界。他沉迷在这方面的研究中，出门总带着速写本，随手记录下各种流浪汉的动态、形象和情绪；在家没人可画时，他便对着镜子照着自己的形象研究。

第2章：异地求学

初闯阿姆斯特丹

大量的写生，勤奋的研究，使伦勃朗的绘画成绩迅速超过了画室的其他伙伴，斯瓦宁堡清楚地看到伦勃朗这只雏鹰羽翼渐丰。他感到自己已经不再能够给予伦勃朗成长所需的养料了，便主动建议伦勃朗去阿姆斯特丹，那里海阔天高，一定会有名师教这个“高徒”。

初闯阿姆斯特丹的伦勃朗浑身上下充满初生牛犊不怕虎的勇气，只带了几件换洗的衣服和少量的颜料、画具。伦勃朗没顾得上仔细看一眼这个国际大都市的豪华气派，就一头扎进了彼得·拉斯特曼的画室。说到彼得·拉斯特曼，他是阿姆斯特丹当时鼎鼎大名的画坛大师。荷兰与欧洲艺术的关系就是由拉斯特曼和一群志同道合的画家一同建立起来的。

当时意大利仍是欧洲艺术家们朝拜的圣地，学习艺术不去意大利简直是不可思议的事情。拉斯特曼等人来到罗马，研究意大利的艺术风格，并融合本国悠久的艺术传统，创立了“阿姆斯特丹的历史画派”。当时阿姆斯特丹的画家公会已经形成明确的画种分工，历史画、静物画、肖像画、风景画……类别繁多，都是根据艺术市场的需求而定的。有才能的画家可以一人兼通几种画种。

当伦勃朗步入拉斯特曼的画室时，他感到画室很大，宽敞明亮，四面高阔的墙面上悬挂着意大利名家的原作和拉斯特曼本人的巨幅作品。室内有很多人，大家都忙着创作自己手中的作品。门廊的左边有一个小房间，里面有人正在弯腰低头专心地配置颜料。在这间画室的中心位置上，有一位将衬布披在半裸的肩膀上并耷拉下来遮住胸口，扮作罗马贵妇的模特，她半躺在那里，低头垂目，仿佛陷入沉思。一层层的画架布满她的周围，学生们都在默默观察，静静作画，只听见铅笔沙沙的声响。

伦勃朗看见一位很像老师的人，正在学生的画架之间穿梭，逐一给学生指出问题，间或坐下来，拿过学生手中的笔，刷刷地在纸上做些改动。“这一定是拉斯特曼先生!”他等那人转过身来面对自己的方向时，急忙迎上前去。由于动作过于鲁莽，伦勃朗不小心碰倒了边上一位学生的画架，他慌忙扶起画架，向那位学生说了声“对不起”。他刚想抬起头向老师打招呼，却发现所有人的目光都注视着自己，甚至连那位模特也抬起头看着他。伦勃朗顿时张大嘴，说不出一个字，刚才扶起画架时沾到手上的颜料也不知该往哪里抹，他索性把手往身后正反一擦，然后脱下帽子，向老师鞠了一躬，伸出手道：“拉斯特曼先生，我是从莱顿来的伦勃朗，来阿姆斯特丹就是为了向您拜师学艺。”画室里终于有人忍不住笑了出来，伦勃朗更加不知所措，两手捏搓着帽子的边缘尴尬万分，他越是这样，大家就笑得越厉害。

大家笑伦勃朗不是没有原因的，再看看伦勃朗，本来敦实的矮个就其貌不扬，风尘仆仆还带着一股浓浓的乡土气息，加上莽莽撞撞的动作和那副不知所措的神情，尤其是他脱下帽子露出一头狮子般蓬乱的头发，那模样就更加好笑了。

“认识你很高兴，不过你可能弄错了，你要找的老师在另一间画室里，他正在修改他的《奥德修斯与瑙西卡》，一会儿你就会见到他。我叫雅各布·皮纳斯，是拉斯特曼的好朋友，今天刚巧来这里看看他的创作进度，他也让我来看一下他这些优秀的弟子们的才华。”说着皮纳斯用手指了指另一间画室的方向。学生中立即有人喊起来：“皮纳斯老师也是位杰出的画家！”马上有人附和：“对，他也是我们敬佩的老师！”伦勃朗的尴尬渐渐消失了，他开始融进这种无拘无束的氛围中，嘴里喃喃自语道：“皮纳斯，这个名字我听过，我熟悉他的作品……”皮纳斯看他呆呆愣愣的样子，顺手指着一名学生，说：“你带他去见拉斯特曼先生吧！”

随后，伦勃朗由一名看上去比他大两三岁的学生带领，穿过长长的走廊，进了一间位于楼梯拐角处的画室。“你进去吧，拉斯特曼先生正在里面作画。”“喔，谢谢！”伦勃朗深吸一口气之后，鼓起勇气敲了敲门。“请进。”伦勃朗迈进室内，这间画室比起刚刚那间小了很多，从杂乱的纸张、颜料，还有那些只打了底稿的草图来看，应该是拉斯特曼先生的私人画室。看到拉斯特曼先生的目光从画作上移到自己身上，伦勃朗不禁有些窘迫，他立即上前，鞠了个标标准准的九十度躬，低头朗声道：“拉斯特曼先生，我是从莱顿来的伦勃朗，来阿姆斯特丹就是为了向您拜师学艺。”静默了几分钟，气氛有些尴尬。“想成为我的学生，我还要看看你的基础才行。那里有纸和颜料，随便画张画给我看看。”画什么呢？伦勃朗犯了难，但是当他看到落日余晖打在拉斯特曼先生身上的时候，他的灵感来了——就画拉斯特曼先生的肖像！伦勃朗随即找齐了他需要的材料，在纸上刷刷开工，他充分运用了在斯瓦宁堡那里学到的人物表现技巧和造型手段，把拉斯特曼先生塑造成一位在阳光下的中世纪贵族形象。拉斯特曼看到伦勃朗画画时专注的神情，一丝微笑爬上了他的嘴角，很久没有看到如此有热情、有天赋的孩子了。当他看到伦勃朗最后的作品时，他非但没有责怪伦勃朗擅作主张，把他的肖像画定位在中世纪的这样不伦不类的古典画法，反而告诉伦勃朗：“这里用倾斜的光线突出人物的明暗对比，效果会更好。没关系，以后慢慢教你就是了。”伦勃朗接话道：“您的意思是收我为徒啦？”“是呀，以后你就是我的学生了。”伦勃朗此时此刻的愉悦不知道如何表达，只是不断地重复：“谢谢，谢谢……”

在当时，意大利艺术与北欧艺术之间的主要分歧似乎在意大利艺术的优越感和尼德兰艺术的自卑感上。意大利艺术标准渗入北欧之后，引起低地国家艺术家们不同程度的自卑感。他们崇拜的文艺复兴巨匠米开朗琪罗就曾公开评价过：“尼德兰民族的艺术虽然描绘细腻逼真，取悦于人，但缺乏理性或艺术性，缺乏对称或比例，缺乏熟练大胆的取材，还缺乏含义或活力……”理性、艺术和完美都属于意大利艺术，而尼德兰艺术似乎只有外表逼真和面面俱到。

外来观念和本土观念的冲突，传统和现实的矛盾，在阿姆斯特丹的拉斯特曼这群画家这里，也没有得到真正的解决。不过拉斯特曼这里给伦勃朗提供了最好的学习条件和极为开阔的视野，更重要的是由于他们在矛盾状态中已经做出的种种努力，使得历史画在罗马式样主义基础上前进了一大步，并探索了叙述性很强的题材。这些题材中所描绘的人物形体和精神，向他们自己的表现能力提出了挑战，这就为日后伦勃朗的成长打下了基础。

拉斯特曼极为赏识伦勃朗的才华，他成为带领这位“初生牛犊”进入艺术殿堂的真正导师。拉斯特曼教导伦勃朗，用之前伦勃朗在斯瓦宁堡那里学到的人物造型手段，组成一个个精美的构图，并去竭力想象和体会那些激动人心的戏剧性场面和时刻，慢慢培养出伦勃朗以明确的画面来有力地叙述故事的能力。他还要求伦勃朗将《圣经》上的故事变成一个个富有人性的入画题材，并用倾斜的光线使画面明暗对比强烈，主次分明，这些方法都使伦勃朗终身受益。

当然，最让伦勃朗高兴的事还是老凡·莱因从莱顿的家乡给他寄来的家书。老凡·莱因在信中告诉儿子：家里磨坊的生意越做越红火，又有好几个人入了股。鞋匠手艺学成的大哥早已自立门户，不久就要娶媳妇了。二哥柯奈利斯也成了家里的好帮手，家乡一切都好，勿念。随信还寄来了数目不小的一笔钱，伦勃朗算了算账，除了交拉斯特曼画室的学费，还有部分剩余。父亲寄钱来是在向儿子妥协，父亲终于支持儿子学画画了。没有什么比父亲的理解和支持更让伦勃朗感到高兴的了，从此伦勃朗更加努力地学习绘画。

浑然忘我的作画者

荷兰是个渗透着加尔文教的国家。加尔文教在尼德兰民族为独立、自由和信仰而进行的危险斗争里，是一种质量极高、极促进生机的兴奋剂。独立后的荷兰人民没有忘记他们为争取自由而付出的高昂代价。然而，随着经济的迅速发展，市民阶层蓬勃兴起，人们的宗教情感日渐淡薄了。虽然加尔文教仍然占据着统治地位，但是政府考虑经济因素，提倡开明政治、宗教信仰自由、宽容为本，不仅允许其他教派同时存在，而且还给受到西班牙、葡萄牙宗教法庭残酷迫害，以及因受到各国歧视而逃离故土的犹太人提供宗教庇护和避难的家园，允许他们在荷兰建立自己的犹太教堂。政府还宣称，只要各类人不触犯刑律，奉公守法，勤劳致富，为共和国效力，在宗教信仰、思想自由方面都不会受到监察、干涉和追究。

这种自由讨论和宗教宽容的气氛，是在长达一个世纪的各种教派间的忌恨和流血对抗中艰难建立起来的，虽然在独立后的今天，民众中仍有此起彼伏的宗教冲突发生，但毕竟没有造成大的影响。荷兰的阿姆斯特丹也因此成为继文艺复兴之后而点亮的一盏璀璨的欧洲明灯，这里聚集了一大批举世闻名的专家、学者。自由、宽容的环境，吸引了像笛卡儿这样的欧洲天才式的人物来荷兰寻求庇护。

在这个宗教情感相对淡漠的地方，艺术家对宗教题材不再抱有激情，作品中的宗教内容只作为故事的铺叙，不再是伟大的奇迹。寓言和启示录式的人物隐退了，生动的血肉之躯登上舞台，写实的绘画代替了夸张的画面。

求知欲旺盛的伦勃朗精力充沛，他不仅虚心地学习拉斯特曼的各种经验和手法，而且常常到雅各布·皮纳斯的画室和其他老师的画室去看画、学画。雅各布·皮纳斯在构图和题材上与拉斯特曼并无太大的区别，但皮纳斯特别擅长带有《圣经》和神话故事场面的风景画，画面效果比拉斯特曼的更加明亮，不但有威尼斯画派的漂亮颜色，还兼有卡拉奇兄弟（意大利画家）史诗般作品的某些特点。伦勃朗喜欢皮纳斯的作品，只是他不能理解皮纳斯为什么老是把画中的树木画成“花椰菜”的形状，岩石堆也总用一种方法处理，看上去显得呆板、少变化。伦勃朗感到很困惑：为什么不直接将大自然中那些生动的植物、山脉搬入画面呢？

比起其他同学来，伦勃朗要勤奋得多。他给自己定下任务，每天都要观察和记录一些生活中有趣的动态和形象。他随身带着纸和笔，走到哪儿就画到哪儿，从不怠惰。

复活节那天早上，阿姆斯特丹发生了一起轰动性的新闻，欧德·斯堪斯街上发生了一场宗教斗殴流血事件。原因在这条街上住着的一个阿米尼阿斯教教徒的身上。“阿米尼阿斯教”是荷兰一个新的宗教改革派系，它以自己明确的体系公开反对加尔文教的教义和章程，因此，凡是它的信徒在五六年前就被占正统地位的教会开除了。可这些人仍然坚持自己的信仰，常常聚集在一起听自己的牧师讲道，通过共同的信仰和祈祷，寻求患难之中的互相鼓励和帮助。阿姆斯特丹教会曾多次以秘密集会是违法的为由来向市政府当局提出控告，说这些“破坏宗教道德的罪人公开对宿命论和天罚论表示怀疑和反对”。市政府当局听了控告仍然睁一只眼闭一只眼，当局知道这些所谓的“罪人”其实都是勤劳正派的公民，并认为只要他们按时纳税，每周集会谨慎从事，就没什么太大的问题，因而不愿意横加干涉。

每到礼拜天、节假日，阿姆斯特丹善男信女们都会进教堂做祈祷，听布道。阿米尼阿斯教教徒们不去教堂，但他们聚在一起集会。复活节这天，他们就在欧德·斯堪斯街住着的一位教徒家里集会，听他们的牧师讲道。

突然，屋外的走廊上传来喧闹声，主人忙去开门阻止，才知道是几个学生早晨没去圣经学校读经，而在做游戏。主人礼貌地请这几个学生到别处去，可是学生们就是不走。三番五次阻止不成之后，主人与学生打了起来，吸引了众多刚刚从教堂回来的加尔文教教徒围观，不知谁发现了屋子里藏着阿米尼阿斯天主教教徒，顿时激起了人们愤恨激昂的情绪。可怕的吼声、石头、棍子、泥块纷纷向那间屋子掷去。立即有警卫队军官赶来，但人们仍然不肯罢手，还有人用石块击中了一位在远处的士兵。那士兵气恼地端起了枪，瞄准了其中挑事的头目，那头目疯狂地转过身逼近了那毫无准备的警卫队军官，千钧一发之际，士兵开了枪，正好打中了那个头目。

一波未平一波又起，此刻有一大群人从码头东印度公司的一艘商船赶来，个个手持利刃，呼叫着冲向那栋房子，抓住跳窗逃跑的阿米尼阿斯教教徒，用刀剑教训他们，不准他们在这座城市里宣扬那些讨厌的教义，于是又是一场头破血流的战斗。

在厮杀声、乱枪声中，一个留着长头发的青年正倚在现场一棵树下，若无其事地画着他的画。他所在的位置随时都有可能被乱石砸到，但他神情专注，仿佛什么事都没有发生，就像在公园里画奔跑的袋鼠和观察树上的小鸟，完全泰然自若，他一直在注意观察和勾画那堵断墙后面的一伙想看个究竟的乞丐。这个乞丐团伙本想趁机打劫，但是警卫队的到来使他们的幻想成为泡影。

伦勃朗一直画到太阳落山，直到暴乱平息人们散去之后，他才离开现场。回到拉斯特曼的画室，同学们纷纷给他讲述白天发生的轰动全城的事件，这时，伦勃朗拿出了自己在现场画的写生。这些生动有趣的乞丐形象和伦勃朗的胆量使同学们对他钦佩不已，伦勃朗自己也十分珍视这批写真，打算日后有机会把它们制成铜版画。

“你到现场不感到害怕?”斯特里克羡慕地问道。

“顾不上害怕，因为我看到一个从未见过的、最有意思的流浪汉，接连又来了一群，他们有趣的动作、神态和表情，还有那穿在身上的奇形怪状的破烂衣裳吸引了我，我要不赶快记下来，就不会再有这种机会了。不知为什么，我最喜欢画自由自在的流浪汉了。”

“你听到枪声了吗？你看到很多人死了吗？”

“只听到周围喊声不绝，人们跑来跑去，我想这与我没多大关系，也没时间理睬它。”

这时拉斯特曼先生走进来，看到伦勃朗这些极生动的速写，拉斯特曼感到这位天才日后一定会超过自己。伦勃朗的速写不仅生动形象地记录了现场，而且富有戏剧性地刻画和表现了人物的性格特征，完全没有课堂作业中的拘束感，画面中渗透着一股灵动之气。

这种艺术创造的自觉、迫切的要求，仿佛是天才与生俱来的一种本质特征，它更接近所有事物的源头和神圣的上帝，因而显得更加完美和具有更多的内在力量。高尚的艺术是可以自己去发掘的，只要这棵幼苗始终遵从内心那蓬勃的精神力量。当然，他想要走向成功还需要更多的、更高层次的引导。

“伦勃朗，我似乎不能再给予你什么了，去意大利吧，那里才是绘画艺术的圣殿，能给你更多的帮助。”

“为什么我们对别国的艺术家赞不绝口，推崇备至，对我们自己比他们更出色的艺术家却视而不见呢？”“因为我们是北欧人……”“北欧人怎么啦？难道在我们的土地上就没有我们要学的东西？就没有使我们激动的事物？老师您别说了，我早已打定了主意，不去意大利。”

学会独立思考

“可爱的年轻人，我欣赏你独特的个性，但请你不要走得太远。我们北欧人的确有自己优秀的绘画传统，可是，就完美而准确地描绘人体这样一些高超的艺术技巧和光线、颜色的绝妙处理而言，我们不得不承认，北欧仍然处在蛮荒状态，南欧的意大利是你应该去的地方！你不仅应该而且必须去看看佛罗伦萨的气派、罗马的辉煌、威尼斯的绚烂，那才叫真正的艺术圣地呀！”尽力保持着绅士风度的拉斯特曼语气不由地加重了。

“我不这样认为！”尽管站在伦勃朗身后的吕文斯暗地里不断扯他的衣襟，伦勃朗仍然止不住地要和老师争论。“我认为，绘画就只是看，你看见一样使你感动的东西，你把它画下来。或者你有什么别的技巧，把它刻在大理石上或者作出动人的曲子。像希腊人常做的那样。我记得小时候听过我国最有名的音乐家老斯维林克创作的一首表现大雷雨的管风琴曲，他弹奏得实在令我感动，据说在大教堂演奏时，竟有七个人听得昏倒在座位上，只好叫人抬回去了。绘画，取决于我们看到的东西，但关键在于你怎样去看它。一双高明的眼睛，从一家低俗的乡村肉店门旁的柱子上挂着的血淋淋的公牛身上得到感悟，可能会比一双拙劣的眼睛从拉斐尔、达·芬奇本人作品中和他们美丽的故乡完美的教堂里得到的启发要多得多!”

拉斯特曼那张不动声色的脸开始迅速变幻色彩，由红变白，旋即变成铁青，终于他再也听不下去了。“你竟敢对意大利那些最卓越的画家公开表示蔑视，真有点狂妄得不知所以了！这都是全世界公认的古希腊雕刻家之后最伟大的巨匠，你却拿他们的作品和乡村肉店的公牛比!”

“我绝没有这个意思！我只是说，生活在意大利的人，应该受到他们所在地方题材的感动，而我们这些生活在荷兰的人，也应该可以被我们自己熟悉的题材所感动，用不着非得千里迢迢地跑到他们的国度里受他们的题材感动。您说的可爱的意大利人并不重视他们本国的委任，而甘愿让他们的全部优秀绘画卖到国外，难道在阿姆斯特丹，我们看不到拉斐尔、乔尔乔内和提香的绘画吗？可以说，从这些流落到我们这里来的名家名作中，我们得到的领悟比到罗马、佛罗伦萨和威尼斯去得到的领悟还要深刻，他们的技法和高妙的艺术处理全在他们的作品里了。难道我们不可以直接从他们的画里学习吗？”

“越说越不像话了！你能见到那些画在教堂和修道院墙壁上的、震惊世界的杰作吗？你能见到威尼斯途中那从未见过的绝美风景吗？你在荷兰看得到那明亮耀眼如同金黄色火球一样的太阳吗？这里的太阳永远像被一层薄雾笼罩一般，映在玻璃上就像脏鼻子弄出的油斑……”

“那我们的大雷雨呢？那震撼人心的力量难道不能使我们感动？我想这种深切的感受绝不亚于意大利人感受他们故乡礁湖上的日落、月光下的罗马斗兽场吧！难道它就不能成为我们独特的表现题材而去让意大利人受到感动？我就弄不懂为什么学绘画就非得去意大利不可，这几乎成了人们都得遵守的法则！正因为意大利出了达·芬奇、拉斐尔、米开朗琪罗、提香，才没有必要再继续出一些荷兰的达·芬奇、法国的米开朗琪罗和英国的提香！我认为他们留下的作品本身已经给了我们很多启示，他们的思想、技艺全都包含在里面了，学这些已经足够了！但要以为他们才是绘画的正宗，以为去模仿他们的风格，那就大错特错了！他们创造了那个时代的高峰，而我们，正因为有他们创造的高峰，才有责任创造属于我们自己的东西！才有必要反对一味地模仿……”

拉斯特曼不能也不敢再和伦勃朗争辩下去了，这未免太有失身份，眼前这个得理不饶人的家伙会当着所有学生的面让老师斯文扫地的。唉！没想到自己最器重的“天才”学生，竟是个毫不顾及先生颜面、不知好歹的“蠢驴”！他这种不能见风使舵的强烈个性将来会吃大亏的呀！充分理解并且爱护伦勃朗的老师气愤之下免不了又为他担心起来。

其实，在早些时候，伦勃朗就迫切地希望去意大利。来阿姆斯特丹之前他已经劝说父亲为他准备这笔旅行费用了。来阿姆斯特丹后，他经过长时间的独立思考，放弃了这一打算。

阿姆斯特丹是个开放的国际性城市，不仅大大地开阔了伦勃朗的视野，而且能使伦勃朗得到他所需要的各方面知识和精神营养，而这些都需要时间去学习、观察、思考和融会。一船船的意大利著名大师的作品载往阿姆斯特丹；东印度公司的巨轮也运来神秘的中国和日本等东方各国充满异国情调、洋溢着玄奥艺术气息的新鲜玩意儿；还有非洲黑人的雕刻以及西印度公司载来的美洲印第安土著人的各种奇异饰物。可以说在以往有的和以往没有的各种艺术借鉴上，不是营养不足，而是营养过剩，剩下来的是如何融合和消化的问题。这就需要时间，需要钱。有钱，便能买下各种自己需要的艺术品；有时间，便能慢慢揣摩、学习和临摹，逐渐形成自己的独特风格，创造出最时新的作品样式。

古代卓越的大师，要讲的故事总能通过他们的绘画或雕刻作品淋漓尽致地表现出来。这类作品几乎都能够在阿姆斯特丹找到。真正的艺术家并不取决于他在什么地方画，而取决于他怎样去画。数以百计的荷兰人为到意大利学画，弄得倾家荡产，回来后反而被一个模仿的绳子束缚住了，丧失了观察大自然的敏锐力。如果没弄明白自己要画什么、有什么才能，那法兰西的日出、西班牙的日落、意大利的“圣贤”、德意志的“撒旦”，对伦勃朗又有什么意义呢？

伦勃朗常跟吕文斯交换这些想法，只有吕文斯能够理解他，吕文斯也不愿浪费时间去意大利。他俩暗地里嘲笑其他同学，“如果他们生来就是蠢笨的画家，那我们有什么理由去阻止他们到阿尔卑斯山的那一边去从事拙劣的模仿呢?”

精力过剩的伦勃朗和吕文斯住在一起，白天全力以赴地投入绘画学习和研究中，夜晚不是到码头散步，就是去酒馆喝酒，或者在住处彻夜长谈。求知欲强、涉猎面广的这对青年，对当时最新的文化科学成就，几乎无所不知。他们为自己的荷兰共和国而骄傲，聊起来天马行空。文学上他们谈到霍夫特写的《尼德兰起义史》，那优雅简练的文风简直可以与罗马著名的历史学家塔西佗相比；还有生在布鲁塞尔、死在莱顿的马尼克斯·德圣塔尔德的奇文《圣神天主教会的蜂房》，仿佛神赐灵感写出的一般，《威廉》这支国歌也是他写的，他在悲壮的笑声里创造出了荷兰的语言！他们还谈到目前对《圣经》文句的研究大大促进了语言学的发展，刚出版的《巴拉密提斯》的作者冯代尔——一位当代认为天才般的诗人。

他们不仅关注文学历史上的成就，而且时常讨论科学上的发明创造。“你知道伽利略的望远镜是受谁的启发发明的吗?”伦勃朗问吕文斯。“这个谁不知道！我们荷兰米德尔堡的眼镜匠詹斯发明的移近片的启发呗!”吕文斯又反问道：“你知道在阿姆斯特丹，是谁第一个获准解剖尸体的?”伦勃朗真的被问住了，“谁?”“约翰·斯范梅丹，他最初专门研究和解剖动物尸体，提出一些生物学中富有意义的假说，后来市政当局批准他要求解剖尸体用于医学研究的建议，反正绞死的罪犯尸体足够他做实验用的了。他是被我们画家画在画里的第一个解剖学家！”“我听说他现在在医学界取得了很大的成就，很多了不起的阿姆斯特丹的医生从美洲殖民地带回各种研究资料和动、植物标本……”“是呀，阿姆斯特丹就像照耀欧洲的太阳，光芒四射！‘啊，从破烂、低矮的哈勒姆来到比邻的阿姆斯特丹，我所何见？它面貌一新，高耸入云。门楼、高墙、建筑，还有宽阔的运河、桥梁和水阀。有什么比这些更令人醒目的呢？’”吕文斯兴致勃勃，不禁高声朗诵起一位诗人的诗句来。

两位才华横溢、志存高远的青年，向着真正的文艺时代的巨人们看齐。他们热爱生命的多样性，不仅表现在智力的成就上，而且表现在对生活本身的兴趣上。他们遨游于种种高深学问之余，也表现出对短暂生命所能尝到的各色滋味的体验。高级生活的豪华、漂亮女人的诱惑、经商赚钱的诡诈，对他们来说都是小块彩色玻璃上折射出的色泽，同数学、哲学和当时所有主要学科的发现一样引起他们的思考和注意。然而，在实践方面，他们始终勤奋苦学，扎扎实实地磨砺绘画技巧，养成吃苦耐劳的习惯，在同辈人中无人可比。

第3章：青年得志

《犹大的忏悔》

在拉斯特曼和皮纳斯老师这里，伦勃朗形成了对历史画的创作兴趣，另外他也了解阿姆斯特丹其他画种的创作水平和成就，并掌握了油画、素描和蚀刻版画扎实的基本功。对卡拉瓦乔的戏剧性用光、鲁本斯的运动式构图、威尼斯画派的光色处理，他都有比较深入的研究。在历史画创作课上，他在结构安排、明暗对比、人物姿态、神情和位置以及活跃画面的配景方面，显示出了纯熟的技法，而且青出于蓝。那生动透彻的对历史题材的理解和表现，还有构图中富有感染力的洗练手法，都让拉斯特曼感到吃惊。

伦勃朗和吕文斯一起告别了阿姆斯特丹的老师和同学，回到家乡——莱顿，他们合伙开了一个画室，开始招收学生。在暂时接不到订件的情况下，他们自由地画了一些习作和肖像画，同时和在阿姆斯特丹的几位画商建立起初步的关系，由画商们提供意大利大师的原作，供他们临摹后，再由画商们将赝品拿到阿姆斯特丹或海牙的艺术市场上去卖，然后获利分成。这是一件既可从临摹中学到绘画技艺，又可赚钱养活自己的两全其美的事情，伦勃朗没觉得有什么不合适。

听说市场上有人需要《圣经》题材的历史画，伦勃朗便准备创作一批这类题材的画。正好以往搜集的各类形象都可以运用在这种创作里。根据要求他选了一些“新约”中的故事，用富于想象力的手法，绘出《西缅的祝福》《圣保罗在狱中》等作品。当紧张的工作完成之后，伦勃朗审视这些作品，这些画除了构图上尚有可取之处外，其他的画面效果并不令他满意。有些画过于拘谨、琐细、干练，采用别人手法的痕迹太重，还没有形成自己满意的风格；有的画颜色黑而且厚，表面修饰很粗，斜光造型和明暗效果甚至人物形象都印有浓重的卡拉瓦乔的标记。这些都不符合他的性格，他要创作出属于自己的风格的标记。

晚上，伦勃朗在烛光下重新翻开了《圣经》，寻找能入画、富有戏剧性、适合表现的故事，一边读着，一边在头脑里构筑各种戏剧性的场面。突然他翻到“犹大卖主”的故事，眼前一亮，便细细地读了起来。

耶稣收了十二个门徒，其中一个是加略人，叫做犹大。犹大很爱财，他听说耶稣的故人——那些祭司长、文士和民间的长老，对耶稣在圣殿教诲人心早就心存不满，扬言要杀耶稣，只是一时还想不出法子找出已经藏匿起来的耶稣。犹大想：“发财的机会到了。”他偷偷摸摸地去见祭司长和守殿官，对他们说：“如果我把耶稣交给你们，你们给我多少银币呢?”“三十块银币!”祭司长慷慨应允，并且马上叫人将银币装在钱袋里给了他。于是他们勾结起来相约好，在“逾越节”的晚餐后，犹大来给他们带路，去捉拿耶稣。为了不弄错人，犹大还和他们定下暗号：他和谁亲吻，谁就是耶稣。“逾越节”那天晚上，一切照计划进行。最后的晚餐后，耶稣被犹大出卖，落到了祭司长和法利赛人的手中。

耶稣被定了罪，将要被钉死在十字架上。出卖“主”的犹大这时良心发现，不由地后悔了，他把那三十块银币送了回去，对祭司长和长老说：“我卖了无辜者的血呀，我有罪呀！”“那关我们什么事，自己承担去吧！”犹大把三十块银币往殿上一扔，痛悔不已，踉踉跄跄地跑了出去，吊死在殿后的一棵大树上。

虽说伦勃朗早就熟悉这个故事，可今天读来大不一样。他脑海里浮现出一个又一个生动的画面，他急不可耐地抓起笔，构起图来。

他先勾画出犹大踮起脚尖、抱住耶稣亲吻的形象，后面跟着一队持着刀枪的祭司长带的士兵，耶稣的一边也站满了他的门徒，一幅“对峙”的场面，代表着善和恶的对立。可是伦勃朗旋即又感到不满意，立即推翻了这个构图。他记得乔托表现这一题材时就是选择了这一场景来铺叙整个故事的，已经成为后世津津乐道的名作，虽然他没有见过画在意大利帕多瓦阿雷纳教堂墙上的这幅画，但听老师介绍过多次，每次老师都赞叹不已。

那么，瞬间场面选在“逾越节”这天的晚餐席上如何？明察秋毫的耶稣眼望着手中紧握钱袋的犹大对大家说：“我实在地告诉你们，你们中有一个人要出卖我了！”其他的人都露出惊讶的神情。不可！这个场景数不清的人画过，画得最好的是达·芬奇，伦勃朗早就听说达·芬奇为这幅《最后的晚餐》席上犹大的形象，去人群中找过多少次，最后才找到。

构图一定要与之前表现这个题材的画作都不相同。伦勃朗想，假如是卡拉瓦乔，他会怎样选择场景和处理画面呢？他好像没画过犹大，倒是画过“多疑的多马”。多马也是耶稣的一个门徒，当复活的耶稣出现在门徒们面前时，唯有他不相信，难道钉死在十字架上的耶稣会复活！耶稣说：“你不信就来亲自摸摸我的伤口吧！”

想来想去，画来画去，伦勃朗终于想好了一个构图。他把这一关键性的场景定在犹大后悔和自杀之前的那段时间，一幕发生在大殿里的情景，犹大面带忏悔地与祭司长和长老对话。

他想象着犹大扭着双手跪在那里后悔不已的样子，面前撒满了银币，因那银币的响声，惊起了周围在座的祭司长和长老们，他们用恐惧的神情，看着地上的“血钱”，谁也不敢碰它。窗外一束神秘的光正好射着地上的银币，并反射和凸显出围绕银币和跪着的犹大的这一群人惊愕的面孔，其他不重要的部分都隐没在黑暗里。画面饱满，呈现半圆形空间，人物形象真实生动，明暗对比强烈。当他完成这幅构图时，已是半夜，伦勃朗伸了伸懒腰，满意地笑了。

伦勃朗把《犹大的忏悔》画成一幅一米见方的油画。他分好几个层级来处理画面。他将画面上最明亮的部分，由原来地上闪亮的银币改成桌面上翻开的书，那本象征旧约圣经的书被一束射向大梁反射来的强烈神光，照得异常辉煌，其他物体都黯然失色。

画作完成之后，有一天，下着大雨，伦勃朗正在配置颜料，吕文斯忙着给几名学生上课。有两个淋成“落汤鸡”的人钻进了画室避雨，其中一位非常有礼貌地问伦勃朗：“我们能借您这块宝地避一下雨吗?”“没问题!”伦勃朗抬起头来，看了一眼这位有教养的人。伦勃朗看到一双深褐色的眼睛，深邃、智慧、充满了理性。那张长方形白皙肤色的脸上，有个希腊式的直鼻，宽阔高耸的额头被几绺湿淋淋的头发遮掩着。那人比伦勃朗年纪稍长，形象中透露出一股内在的魅力，伦勃朗禁不住被他的外貌吸引，手里调磨着颜料，目光却跟随着他。只见他手背在身后，一幅一幅慢慢欣赏着挂在墙上和摊在地上以及搁在画架上的绘画，这些画有的已经完成，有的还只是草稿。那人一点儿也不拘谨，在画室里轻松自在地踱步，高雅的姿态，显得潇洒自如，他一个个地观看学生的习作，并弯下腰来问伦勃朗点什么，见到吕文斯也礼貌地打招呼。奇怪的是，他只是礼貌地发问，却不介绍自己。

那人在伦勃朗圣经题材和历史画创作前徘徊起来，终于停在了《犹大的忏悔》这幅画前。他手托着下巴看了半晌，突然转过身来，大声发问：“这幅画是谁画的？”“是我。”伦勃朗吓了一跳，“怎么了？”“请过来一下。”伦勃朗擦了擦手，走了过去。“请问先生，您有什么指教？”“这幅画真的是你画的？”那人上上下下认真地打量着伦勃朗，有些怀疑地问道。“这还能有假吗？”伦勃朗不禁生气起来。那人赶忙解释，“我不是那个意思，请别误会。我只是看到了一幅杰作，一幅我在荷兰从未见过的杰作，按捺不住激动而已。如果您就是这幅杰作的作者，请接受我由衷的赞誉和钦佩！在我看来，您是位难得的天才！”

一席话弄得伦勃朗手足无措起来，他低下头不好意思地用围裙擦着手，不知说什么好。

“请问您尊姓大名？”

“我叫伦勃朗，姓凡·莱因。”

“请问您父亲是干什么的？”

“我父亲是做磨坊生意的。”

“想不到磨坊主的儿子竟有这种难得的天赋！喔，忘了对您作自我介绍，我是康斯坦丁·绪金斯！在奥伦治王室工作，认识您我深感荣幸。”

这熟悉的名字使伦勃朗吃了一惊。这可是个赫赫有名的人物！伦勃朗迅速地朝吕文斯那边望去，发现吕文斯也惊得合不拢嘴。他们在阿姆斯特丹的时候就经常谈起他，谁不知道这大名鼎鼎的才子、诗人、外交家、有着极高品位的艺术鉴赏家——康斯坦丁·绪金斯，而现在，就在这间简陋的画室里，他站在他们面前。他才华横溢，出类拔萃，奥伦治亲王莫里斯公爵非常器重他，让他做身边的秘书！莫里斯公爵可是荷兰共和国的头号人物，除了他那被西班牙刺客暗杀的人称“沉默的威廉”的父亲外，他就是为创立荷兰共和国立下汗马功劳的最大功臣了，而康斯坦丁就是紧随他身边的人。

“啊，雨停了，我该走了，亲王还在海门兰德斯赫伊厅等着我呢！”说着，康斯坦丁叫来一直等在门口的随从，“把这儿的地址记下来！”他又向伦勃朗解释，“我今天刚巧为亲王办事经过这里。”“您不多待一会儿吗?”伦勃朗问道。“不了，你能把这幅画卖给我吗?”“您要是真的喜欢，我就把它送给您吧！画了好些天了，估计干透了，带回去没问题！不会弄坏的。请稍等一会儿，我找东西把它包上，怕一会儿再下雨把它弄潮了。”伦勃朗和吕文斯一直送他到路口，只听见远去的康斯坦丁向他们挥手喊道：“我还会回来看你们的！”

杰出的肖像画家

荷兰资产阶级共和国成立之后，原来最大的艺术赞助及委托人——主教、君主和国王，现在已由新教商人和市民阶层取而代之，他们不喜欢放纵浮华的艺术风格，生长在荷兰的画家必须依赖这些人主宰的艺术市场而生存。所以在荷兰，艺术家为了生存下去，就不得不专攻一些适合新兴市民阶层需求的新绘画种类，那就是肖像画。在当时，肖像画的需求量极大，发了财的商人和选为市府议员的要人、贵人、名人们都想把自己高贵、富有或佩戴着官职标志的画像流传给后人，让后人以自己为荣。另外，随着各种“工匠行会”的兴起，还应运而生了一个荷兰独有的肖像画种——“团体肖像”。

伦勃朗也不例外，想要接到肖像画订件，还必须花时间锤炼肖像画的功夫，这和伦勃朗历史画创作的兴趣并不冲突。在肖像画中，不仅要体现形准，还要研究人的内心情感，追求神似，这在历史性绘画中也用得到。

伦勃朗一天不画就觉得手痒，他的手不能闲，脑子不能停止转动。鉴于当时他还没有接到什么肖像画的订单，他就把父亲、母亲、哥哥都分别拉来当他的模特。父亲仍旧是那副倔脾气，不愿让伦勃朗把自己打扮成意大利贵族的样子，顶多同意戴一顶帽子；慈祥的母亲就不同了，她任凭儿子摆布，也因为母亲的好脾气，他画了很多母亲的肖像画，坐着的、站着的，速写、素描、油画、版画。最使他满意的是那幅让母亲穿上深红色天鹅绒斗篷，戴着金丝线镶成的头巾，坐在那里，低头翻看大开本的《圣经》的油画，这是童年的伦勃朗听母亲讲圣经故事时，就早已刻在心中的神圣形象。

他也为自己画了好多自画像，镜子中那嘴上没毛的英俊小伙子充满了朝气，那难道就是自己？对！脸的侧面显得最美，睿智的眼睛微睁，稍稍向下方看去。那英挺的鼻子闪着太阳的光泽，还有薄薄的唇边荡起的微微笑意，下巴抬起。对！就是这样的角度恰好展现出了伦勃朗最挺拔的侧面形象——一个对未知世界充满求知欲望和对人生充满美好憧憬的有志青年。那画面的背景应该是何处呢？伦勃朗抬头四顾，当看到画室四周破败的围墙，油漆斑驳，逼仄的室内还堆放着一些杂物，他的眉头微微皱了皱，这样的环境哪能配得上自己这样的造型呢？他想了想，有了！谁说背景必须写实，也完全可以虚构嘛！伦勃朗先提笔刷刷地描出了一张草图，英俊的伦勃朗身处一间宽敞奢华的画室，身后是名家画作的轮廓和一见即知价值不菲的桌椅，他面对着支起的画架似乎正在泼墨作画，画面的角度恰好展现出了他预想的四分之三的侧面。伦勃朗因为没有把握，把四周的背景全都做了最暗色的处理，把一束光线射在他自己的脸上和身上，显得画中的青年沐浴着和煦的阳光，更加青春逼人。尽管如此，伦勃朗还是在开始描摹之前，又仔细地反复观察构图，他总觉得哪里不对。到底哪里不对呢？伦勃朗一拍脑袋，是背景！他喃喃说道："宽敞奢华的背景太杂乱了，我本想用它来陪衬自画像的英气，没想到这样的布局反而喧宾夺主了。对了，简陋的画室也没什么不好，它反而可以突出画像中的人物呢！况且照实画，我更有把握呀！"想通了的伦勃朗把自己的自画像直接放在一间简陋的画室，画室的墙面上显出灰蒙蒙的颜色，大概是许久没有刷过油漆的缘故，而且墙根处露出几块橘红色的砖，一眼就能看出环境的简陋。画面上的主角是一名青年和一只支起的画架，只是这一次，伦勃朗没有把画面的背景做极暗的处理，因为照实画周围的环境，伦勃朗还是相当有把握的。完成的自画像果然没让他失望，伦勃朗青春的英姿有种说不出的优秀潜质，预示前程无量，他满意地把这幅自画像好好珍藏起来。

青年时期的自画像

避雨离去后的康斯坦丁对伦勃朗仍然念念不忘，说好帮助伦勃朗的他是绝不会食言的，他说服莫里斯公爵，让伦勃朗为亲王画肖像画。肖像画画完后，公爵并不满意，康斯坦丁又亲自领着伦勃朗去找公爵，要求对伦勃朗兑现画款。

得到康斯坦丁的如此器重，伦勃朗一时名声大噪，订件源源而来，随即伦勃朗的画在市场上行情见涨，声誉颇好。每年伦勃朗都要定期去阿姆斯特丹与画商接洽，通过他们卖出创作的历史画和临摹大师原作的赝品，再接一批新的临摹范本和肖像画订件。由于两地奔波，要留在阿姆斯特丹的时间也越来越长，一位替伦勃朗接洽订件的画商亨德里克·维林堡建议他干脆搬到阿姆斯特丹，先暂时居住在自己家里，这样有利于更好地谋求共同的事业。伦勃朗与父母商量好之后，简单地收拾行装，带上画具和一笔数目不小的钱，告别家乡莱顿，踏上了去阿姆斯特丹的旅程。

一天维林堡回到家中，外套也没来得及脱，便急急忙忙冲进了伦勃朗的画室，兴奋地大叫："我接到一宗大户的肖像画订件！尼古拉·鲁茨的肖像画订件！伦勃朗，咦？你在哪里？"

“我在这里，”正在低头改画，蹲在铜版机前的伦勃朗探出头来，“尼古拉·鲁茨？他是谁呀，弄得你如此激动？”

“嗨，你连他都不知道呀！他是阿姆斯特丹鼎鼎大名的‘造船业巨头’，最有钱的富商。”

“真的？你怎么拿到他的订件的？”

“说来话长，那天我到一个朋友家，他向我透露说尼古拉·鲁茨想找个最棒的肖像画家为他画幅肖像画……”接着维林堡就把如何介绍伦勃朗、如何拐弯抹角费了九牛二虎之力终于将订件拿到手的过程夸张地描述了一遍，“最后，我见到尼古拉·鲁茨，他说：‘多少钱我不在乎，但一定要画得好，画得像！’我说：‘请您放心，我为您找的是阿姆斯特丹最杰出的肖像画家。’于是定好你去他府上画像，伦勃朗，这下全看你的了。”

维林堡一口气说完，这才喝了一口仆人端上来的热茶。伦勃朗明白，这是一份对他、对维林堡都至关重要的订件。如同奥伦治亲王的肖像画一样，这也是铸成“金字招牌”的订件，甚至这块招牌比前一块更为重要。他在阿姆斯特丹的经济命脉就掌握在这些富商们的手中。如果他能被他们成功地接受，那便意味着他名誉地位的奠定，也意味着滚滚的财源，因为著名艺术家的高品质本身就是一块招牌，而且，艺术市场上，高档次的艺术作品需求要比低档次的需求稳定得多。这个迎合口味是必须去做的，这关系到他今后选择过什么档次的生活。他详细地向维林堡询问了尼古拉·鲁茨的要求，为画好这幅肖像画做了认真的思考和充分的准备。

尼古拉·鲁茨的府邸并不像伦勃朗想象得那般豪华，他是一位虔诚的加尔文教教徒，崇尚节俭。年过五旬的尼古拉·鲁茨看上去谨慎沉稳，透出精明果决的非凡气度。他眉头紧锁，目光深邃，灰白的连鬓胡须，显示出男性们所羡慕的成就与威望。脖子上丝绸的白色皱领很好地烘托出红润的脸色、威严的面容。身上穿着的毛皮大氅和头上戴着的毛皮帽，不仅在质感上和白色皱领形成鲜明的对比，更体现出其富贵的地位来。

尼古拉·鲁茨泰然地坐在那里，厚重有力的右手轻按在旁边放着的一只红色天鹅绒罩着并镶着乳钉的小箱子的角上，左手拿着一张写有字的白色纸片，似乎是一份“金融股券”之类极有价值的文件。这与白色的皱领在色彩上构成恰到好处的呼应。整个形象显赫突出，简洁明了。

伦勃朗仔细将肖像画润色完成之后，拿给尼古拉·鲁茨本人过目。尼古拉·鲁茨露出满意的微笑，一边欣赏着画中的自己，一边捋着胡须说：“唔，很像，不愧是位杰出的肖像画家！画得好！”

一锤定音，“杰出的肖像画家伦勃朗”的名声在阿姆斯特丹的大街小巷不胫而走。到维林堡处订件的人络绎不绝，而且都是些名人、富商。伦勃朗又接连绘制了“富商马丁·洛坦”“斯拉夫商人”和一些政府要员的肖像。他迅速树立起并很快巩固了自己在阿姆斯特丹肖像画坛中的重要地位。他的独特画风吸引了富裕市民阶层，得到了上流社会的青睐。

《杜尔普先生的解剖课》

伦勃朗在阿姆斯特丹成名之后，肖像画的订件纷至沓来，但是订件的要求大多是名人或者富商的单人画像，所采用的技法大都大同小异，而且肖像画是类似小品般的小幅作品，对于技法日益纯熟、想要挑战自我的伦勃朗来说已经远远不能满足了。伦勃朗在继续接肖像画订件的同时，也不断地留意大幅作品的绘画机会，以期在绘画技法上取得更大的突破。而风靡一时的解剖绘画就给伦勃朗提供了这样一个机会。市场上的解剖绘画一般描绘的是医生及其助手解剖尸体的场景，或者医生为学生们上解剖课的场景，这样的题材就决定了主人公必然是多人的，恰好是多人物肖像画的典范。

解剖学是当时医学界一门新兴的学问。它象征着科学与冒险的进步。医生们很喜欢用正在解剖尸体的场面来表现自己热爱科学的光辉形象，以至于成为一种热门时尚。这类绘画的题材和样式，在阿姆斯特丹的医学界风靡一时，在伦勃朗之前也有不少画家尝试过。他们的绘画给人的印象不过是份真实的记录，仅仅告诉观众：某年某月的某个房间里，某个著名的医生和几个不著名的学生围在一起，解剖了一具某某人的尸体。剖开了腹部，发现病人的死因是多年来由于狂食滥饮导致肝脏患病所致；或者，剖开另一具不是死于疾病，而是死于犯罪的尸体，打开颅腔之后，发现人的脑部的前中枢回旋等等，仅此而已。除此之外，再也激发不起观者的任何想象力。阿姆斯特丹留下来的画得最好的一幅作品是托马斯·德·凯伊塞尔创作的《德·弗雷伊医生的解剖课》。伦勃朗看过这类题材的作品之后根本不满意，他试图用另一种观点和手法创作《杜尔普先生的解剖课》。

伦勃朗全力以赴地思考一个问题：在一幅画的创作中，什么才是最重要的？伦勃朗认为应该是画家的思想活动和心灵的洞察力。外界事物和人的形象，只是借以表达内在精神世界的外壳，这远比简单地描写外在现实要复杂和困难得多。

同时他还思考了另一个问题，也是以前这类题材并不关注的——阳间与冥界的关系问题。他想：被解剖的尸体原本也是个活蹦乱跳的生命，当他死亡以后，他的灵魂去了哪里？正因为每个人都会死，生与死的关系、精神与肉体的概念也就成为最为普遍的重要问题了。解剖学的意义大概也就在于，它正在揭开人类生命的奥秘，在解释着生和死、精神与肉体的关系，通过人的肉身躯壳，去探寻神秘难测的冥界那不为人知的世界。想到这里，伦勃朗觉得自己在做一件前无古人、后无来者的极伟大的事业，他的这幅画如果真的画成，想必在解剖界也会引起一定的反响。他压抑住内心的激动，开始仔细准备这幅画了。

伦勃朗理所当然地去拜访了即将成为他的作品主人公的杜尔普先生，他是阿姆斯特丹一位比较有名的医生，有着受人尊重的家世，有一个有钱的父亲作为他开业的后盾，自己又处在时运亨通阶段，他的宅邸坐落于有钱人聚集的基齐尔渠畔。“咚咚咚”，伦勃朗连敲了几次门之后，一位四十开外的男子开了门，只见他身穿白大褂，脸上的口罩遮住了大半张脸，口罩上方的眼睛闪现出睿智的目光，不解地打量着这位敲门人。伦勃朗猜测这位就是杜尔普医生了，他彬彬有礼地朝医生鞠了一躬，问道：“请问杜尔普医生在这里吗？”“我就是，请问您有什么事？”“喔，是这样的，我是城中的画家伦勃朗，我在准备一幅解剖类的画作，想邀请您成为这幅画的主人公，不知道您是否愿意？喔，您放心，我绝不会占用您过多的宝贵时间，更不会向您索取任何酬劳！”杜尔普先生蹙了蹙眉头，问道：“那么我需要干什么？”“只需要您下次解剖尸体的时候允许我在旁观看就可以了。”杜尔普医生其实早有请人画解剖课的想法，这毕竟是个人的荣耀，今天伦勃朗主动上门，杜尔普医生心中一喜，毫不犹豫地答应了。“没问题，那么您下周二来就可以了。”

其实，伦勃朗的大胆而与众不同的想法已经注定他的这幅画会与前人的作品截然不同，他对要画的对象已经胸有成竹，信心十足了。

周二的时候，伦勃朗依约而至。杜尔普医生和他的几名学生已经准备好了，尸体是被处死的罪犯和贫民窟里一些不幸病死的人。杜尔普医生和他的学生全都专注于尸体的解剖，手术室内安静得连一根针掉在地上的声音都清晰可闻。伦勃朗支起画架，站在距离手术床几米远的地方静静地观察着这一切。他明白，要使他的思想突出，压倒一切，而让这些仅与事件本身有关联的东西退缩到无关紧要的地位上去，当拟定了这幅画的表现宗旨之后，伦勃朗马上开始了紧张的工作。

画面上一共有八个人，伦勃朗选择了一个难度很大的构图，他让杜尔普医生一个人占据了画面的右半幅，显得十分突出；另外七个人和前面的尸体都压在了画的左半幅，这个不平衡构图的难度是伦勃朗对自己技巧的挑战。他用四个金字塔形的处理，集中起这群人，一具横陈在观者眼前的尸体，正好作为画面里一条重要的平行线，打破了向上发展的竖形构图趋势，成为画面的核心。

每个人的脸部都被清楚地表现出来，他们的神情各具特色：杜尔普医生一只手拿着手术剪，夹起已经被解剖了的尸体左手的筋肉正在从容自若地讲解，显得优雅、谦虚、平易近人。他的七个学生，也不再是索然无味、勤勤恳恳的医生面孔，他们不是为了学门手艺，以便提高他们在医学界的地位，日后多挣点钱的平庸之辈，而是一群露出严肃而专注的神情，在仔细聆听教诲的医学界的莘莘学子。他们注视着老师，目光越过躺着的尸体而看向远处，他们不仅看到一只胳膊的筋络，而且看到了整个隐藏在一切生物体内的秘密，一种无法理解的永恒奥秘使他们陷入沉思，更加强了他们探寻的表情。

伦勃朗刚刚打好草图，还陷在沉思中的时候，杜尔普医生的声音打破了安静的手术室："伦勃朗先生，我们今天的解剖课已经上完了，请问您创作得如何了？是否需要继续画下去？"伦勃朗看看外面日头西沉，才恍悟今天已经耽误了杜尔普医生一整天的时间了，他连忙收起自己的草图，连连道谢："谢谢您，我的草图已经描摹得差不多了，只剩下进一步润色了，这些工作我回去完成即可。等画作完成之后，我一定第一个送来给您看。""没事，不用客气，如果您还有看得不清楚的地方，您也可以随时过来。"

伦勃朗回去之后，沿着之前的思路一鼓作气地完成了这幅《杜尔普先生的解剖课》。画完了之后，他细细观察这幅作品，真是越看越满意，这是他第一幅摆脱人物肖像的比较大幅的作品，伦勃朗已经开始期待杜尔普医生看到这幅画时的反应了。

伦勃朗携带着这幅画第三次来到杜尔普医生的府邸，当他向杜尔普医生展开画卷的时候，杜尔普医生表现出的震惊就让他明白他成功了。杜尔普医生激动地感谢伦勃朗这位“免费”的画家：“喔，真是谢谢您，真没想到您把我的解剖课画得如此生动有趣！瞧我，看见好画，都不知道如何感谢您了。”“不用客气，这也是我初次接触这种类型的题材，您的肯定也让我信心十足。”

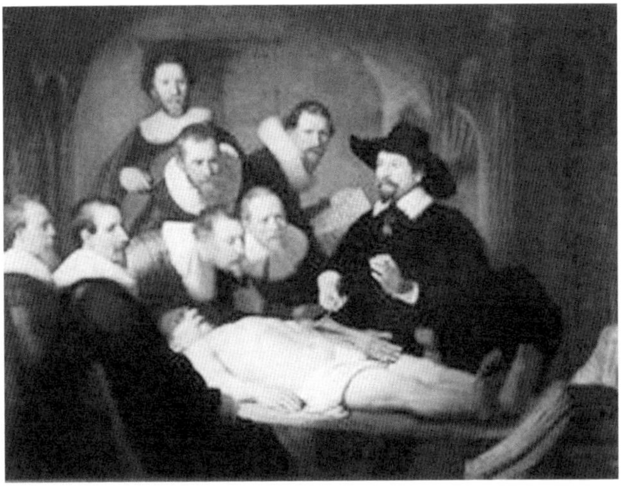

《杜尔普先生的解剖课》

后来见过这幅画的人都被震惊了！阿姆斯特丹城为之轰动！人们不仅理解和欣然接受了这幅画，还真正地认识了画里展现出的伦勃朗的“天才之光”，一夜之间，伦勃朗成为阿姆斯特丹大街小巷人们称赞的大画家。对比之下，原先被公认的“杰作”托马斯·德·凯伊塞尔创作的《德·弗雷伊医生的解剖课》，显得拙劣无力。《杜尔普先生的解剖课》这幅画几乎是被敲锣打鼓地迎进圣安桑奈城门楼上那间巨大的解剖厅内的，医学会把它当作“科学精神的象征”悬挂在解剖厅正面的墙壁上。杜尔普本人也因这幅画发了迹，他做了阿姆斯特丹的警察局局长，随后又三度被选为市长。

第 4 章：被丘比特之箭射中

莎士基雅·范·维林堡

在阿姆斯特丹，伦勃朗虽然住在维林堡的家中，但是他整天待在画室，从不按时到客厅的餐室就餐，饿了就随便吃点东西。有一天，维林堡夫人依琳娜亲自来到画室，郑重地对他说：“伦勃朗先生，今天的晚餐请务必下来吃，会有客人到访，而且不能迟到。”他想：“大概又是什么尊贵的订件人来吃饭得去作陪吧。”

他准时去了客厅的餐室，只见灯火通明，仆人忙出忙进，餐桌上已经准备好丰盛的菜肴，有种与往常不同的喜庆的气氛。维林堡夫妇穿戴整齐，正围着一个女孩嘘寒问暖。见到伦勃朗，维林堡马上迎了过来，拉住伦勃朗的手对坐在对面的女孩说："莎士基雅，这就是我对你谈起过的'年轻的菲狄亚斯'伦勃朗！"接着他又回过头来对伦勃朗说："我给你介绍一下，这是我最亲爱的堂妹——美丽的莎士基雅！就是我那著名的叔父罗伯特最小的女儿，她今天刚从佛里斯兰老家来，准备在我这儿住些时日……"

维林堡后面的话，伦勃朗一句也没听见，他的眼睛被对面坐着的女孩吸引了过去，他直愣愣地盯着女孩看，一直盯到那女孩儿绯红了双颊，不好意思地低着头从座位上站起来。维林堡不客气地拍了一下伦勃朗的肩膀："喂，你看够没有呀？"伦勃朗这才缓过神来，意识到自己的失态，一时有点不知所措。"来，请入座，莎士基雅坐我这边。"依琳娜以极能应付这种场面的女主人的口吻打了个岔，缓解了伦勃朗的尴尬。

见过很多漂亮女人，并给很多贵妇人画过肖像画的伦勃朗从未这样难堪过，他低头进餐，不敢再看莎士基雅一眼。他那副狼狈得只顾吃东西的样子，使维林堡夫妇忍不住笑了起来。

“这个女孩怎么会有这么强的吸引力呢?”回到画室，伦勃朗一直在思考这个问题，脑海里不停地呈现莎士基雅那娇小可爱的倩影和那张绯红高贵的脸庞。他索性任何事情都不干，坐在那里胡思乱想起来：“这到底是怎么回事?”他和吕文斯曾经就“什么是爱情”“到底有没有爱情”的问题展开过深入的讨论。吕文斯斩钉截铁地告诉他：“有!”可他并不这么认为，他一直觉得爱情这种说不清道不明的东西不过是人们的臆想而已，这个世界上根本就没有那么多轰轰烈烈的爱情。他看女人很多时候是从画家的角度来欣赏的，从来没有“不好意思”的事情！今天却像个没见过时髦女人的乡巴佬，最后更糟，完全弄颠倒了，那女人成了“画家”，他倒成了被欣赏的“裸体模特”了！说来也怪，见过那么多漂亮女人，在意过的很少，可今天这位，见一眼就像印在心上一样，怎么也忘不掉！伦勃朗想起曾和吕文斯对天盟誓，要做个像达·芬奇、米开朗琪罗一样献身艺术事业的人，一辈子不结婚。现在想起来才觉得那时候真是幼稚可笑，“人呐，真难以了解自己的内心世界”。

“亨德里克！莎士基雅想出去散散步，你也陪陪她吧?”听到依琳娜的亮嗓门在二楼走廊响起，歪在地板上的伦勃朗腾地一下站起来，轻手轻脚地走出画室，俯身在楼梯的栏杆上，等着莎士基雅娇小的身姿出现。不一会儿，像大姐般的依琳娜，拥着莎士基雅出现在楼梯口："等会儿，来，披上这块头巾，你身子弱，小心受了外面的风寒！亨德里克！快！你到底干吗去啦？快点呀！""来啦！来啦！"走廊那头响起脚步声，"陪我美丽的堂妹散步，这么千载难逢的机会，我怎么能错过呢？""就会耍贫嘴！"一直到大门关上，一行人的笑闹声在窗外消失，伦勃朗才悻悻转身，回到画室，内心还有点恼这次维林堡夫人怎么没有叫上他呢！他大概也忘记了自己平日里是最讨厌参加这样的饭后活动的，只愿意留在自己的画室里埋头画画。那晚，伦勃朗六神无主了，他仿佛听见了爱情降临的声音。

第二天清晨，伦勃朗决定忘掉昨晚发生的事情，以意志控制自己拼命工作，并要求自己把昨晚浪费掉的时间补回来。

当他干得汗流浃背，直起腰来，抬起手臂擦去额头上的汗珠时，他惊奇地看见维林堡正挽着他堂妹的手，站在他的面前。

"莎士基雅没事干，想来看看你这位大画家是怎么工作的，我就把她带来了，唔，不会妨碍你工作吧？"

“不，不，不，不妨碍。”伦勃朗涨红了脸结巴着回答。

“那好，我还有事，先走了，莎士基雅，你就在这里玩一会儿吧，等依琳娜叫你，再和她一块儿上街。”

维林堡急匆匆地离开了画室。好长一段时间，画室里保持着尴尬的沉默，两个人都想打破这个局面，可谁都没有先开口。

“你好，我叫伦勃朗。”终于，伦勃朗竭力恢复了平日的镇定，打破沉默说道，他害怕时间一点一点溜走，抬起头来勇敢地注视着莎士基雅。

“早就知道你的名字了，昨天不是已经介绍过了吗?”莎士基雅细声细气地说道。一提起昨天，伦勃朗的眼光马上垂了下来，他又感觉到那股狼狈不堪的难受劲儿了。

“等你有空余的时间，我想请你给我画幅肖像画，可以吗?”这回莎士基雅很主动。

“看这幅订件的完成情况吧，”伦勃朗极力控制自己的情绪，明明求之不得，却装作心不在焉，“不过我想问题不大。”

“我从小就喜欢绘画，可惜家里不让学。”

“咦？我听说你父亲可是一位开明人士，为什么会这样呢?”

“我父亲去世快八年了，他活着的时候也是整天忙于公务，很少理会家里的事儿，我是说我的哥哥姐姐们不让我学。”

“你不是还有母亲吗?你母亲应该能理解你吧?”伦勃朗觉得很奇怪，禁不住问道。

“我父亲去世不到两年，我母亲也去世了，那年我只有十二岁，我家九个兄弟姐妹，我是寄居在大姐和二姐家里长大的。”

听到这里，伦勃朗竟从心底涌出一股怜爱之情。他没想到，出身名门世家，天资又是这般出众的女子，竟会有这些不为人知的悲惨经历。他正想由衷地安慰她一番，楼下依琳娜的亮嗓门又喊起来了：“莎士基雅，你快下来呀，咱们要上街了。”

情场事业双得意

维林堡家的门槛都快被踏破了。门庭若市，财源滚滚。伦勃朗的画室常常是高朋满座，名流荟萃，谈笑风生，阿姆斯特丹人把伦勃朗看成是“这个最有趣的城市中最有趣的人”。人们不仅张开双手欢迎他，而且还紧紧拥抱他，让他充分享受成功的喜悦。

伦勃朗为富商之女所画

伦勃朗的名声吸引了更多的上层名流，短短的时间内，他便在一些雕琢精巧、色调活泼的肖像画上留下了一批名人的倩影：国务秘书莫里斯·居更斯、牧师阿朗松及其夫人、马迪尔丁·达依和妻子马尔德林·范·多伦、诗人杨·克鲁尔、市长彼利克伦及其妻子苏珊娜·范·柯林和他们的一对儿女等等。彼利克伦的家庭肖像达到伦勃朗肖像画创作的顶峰，任何人见到它，都会产生节日般兴奋的情感，栩栩如生的刻画令人赞叹不已。

伦勃朗为贵妇人所画

伴随着名望一起来的，还有悄然而至的爱情。

闲居在堂兄家里的莎士基雅，常常感到烦闷和无聊，以去顶楼画室看伦勃朗画画打发时间为乐趣。伦勃朗的工作使她感到有趣，随后他快乐、友善、幽默的性格使她产生好感，渐渐地，伦勃朗吸引了莎士基雅。莎士基雅并不肤浅，她敏锐的眼光看到了伦勃朗身上与众不同的东西，他们的沟通也迅速增加了。

伦勃朗给莎士基雅讲故事，并直言不讳地谈到了自己卑微的出身："在我们这个国家，人们瞧不起卑微的出身，也瞧不起我们画家的职业。可是在佛兰德斯，人们敬重鲁本斯，把复杂的外交使命托付于他，带着国家机密任务前往各个国家，处处受到隆重的接待。我听说西班牙有个委拉斯开支，也是个能和国王平起平坐的人，据说是自古以来最伟大的画家，可惜，我没有见过他的作品，只听说他能把房间画得跟真的一样，这也正是我多年来想做到的一件最为困难的事情。"莎士基雅感受到已经成为阿姆斯特丹的"宠儿"的伦勃朗，内心仍然保持着朴素和平静，不由心生敬佩。

"我不会自命不凡，我对自己总是心存怀疑，我唯一可以信赖的，就是自己狮子般的勇气和百折不挠的努力，我可以永无止境地干下去……”伦勃朗说着这话的时候，全身洋溢着一股熠熠的光辉，他大概也没有想到此刻英姿勃发的自己在莎士基雅眼中是多么的吸引人。莎士基雅相信，如果说伦勃朗真是天才，那也是一笔一笔不辞辛苦画出来的，伦勃朗对绘画的热爱和虔诚深深地感染了莎士基雅。作为伦勃朗的“知己”，莎士基雅现在已经能够完全信任他，理解他了。

随着两人的朝夕相处，各自心中的情愫也在慢慢增长，只是苦于没有宣泄的方式，只能每日以画画为名，增加见面的机会。伦勃朗终于下定决心要为莎士基雅画幅肖像画了，他借画肖像画的机会，可以好好地观察他心中所爱的这个女子。

与一般的荷兰姑娘不同，莎士基雅显得更加瘦弱小巧，但是却透露出一股醉人的优雅气质。褐黄色的卷发披散于肩，闪着亮泽，映衬着白里透红娇嫩的脸庞。那高高耸起的鼻梁，俏皮地稍向上翘起的精巧鼻头，还有那双深褐色的眼睛，都让伦勃朗感到既有善解人意的温柔，又有难以企及的高贵。都说眼睛是心灵的窗户，此刻的伦勃朗真想透过这扇“窗户”窥一窥她的内心是否也像自己一样热情似火。莎士基雅不像发育成熟的青年女性那般健硕有力，上帝只是精雕细刻般地将她雕刻出来，她玲珑剔透，凝脂般的肌肤仿佛从未受过日晒雨淋，娇小纤弱的身体似乎风吹即倒。伦勃朗不由地想，她就像一件昂贵易碎的中国瓷器；不不，她仿佛是花神弗罗拉，对，她就是“花神”，因为她虽娇媚，但却充满了春的气息！那微启的薄唇，渴望的眼神，紧张的呼吸，都透出青春的追求与渴望。

莎士基雅明白伦勃朗停下画笔，用那热辣辣的眼神看着自己的全部含义，顿时脸颊绯红地低下头来。仿佛得到了莎士基雅的默许，伦勃朗猛地站起来，扔掉画笔，一把将她拥进怀里。

这一切都逃不过堂兄维林堡的眼睛，堂妹莎士基雅的一颦一笑、一举一动他都尽收眼底。维林堡很矛盾，一方面他很想斥责伦勃朗，凭着磨坊主儿子的破落出身还想与他的堂妹、大名鼎鼎的维林堡世家联姻，简直是癞蛤蟆想吃天鹅肉，况且莎士基雅还有八位亲生的哥哥姐姐，他们都出身贵族，哪有那么容易答应这桩门不当户不对的亲事；另一方面，他又不能这么做，维林堡现在与伦勃朗的合作可谓天衣无缝，财源广进，两个人的合作伙伴关系不能因为这件事情而毁掉，要知道想要再发掘一位像伦勃朗一样的天才并把他捧红是多么困难呀！他的表妹应该嫁给阿姆斯特丹的那些富商中的一员，伦勃朗靠画画的确能够衣食无忧，但毕竟赚不了大钱呀，如何能跟阿姆斯特丹城内的那些贵族相提并论呢！维林堡的犹豫不决恰恰变成了一种变相的默许，伦勃朗和莎士基雅的感情突飞猛进，已经到了如胶似漆的地步了。

终于有一天，伦勃朗来见维林堡，郑重地说：“维林堡先生，我想我们应该正式地谈一谈了。”维林堡看到伦勃朗扭捏的神态，对于伦勃朗想谈的内容也猜得八九不离十了，他挑了一下眉毛示意伦勃朗继续说下去。“我想您也知道，我对令堂妹情有独钟，再这样下去，会对莎士基雅的声名有损，所以想请您从中斡旋，向他的哥哥姐姐们求得准许，让我们两人订婚。”“莎士基雅是怎么想的，她也同意了吗?”“我的心意莎士基雅最清楚了，她虽然没有明确地答复我，但是我能感觉到她的默许，未出阁的少女总会有些害羞的嘛!”维林堡的神色突变，瞪着伦勃朗说：“伦勃朗，我想你也清楚，莎士基雅的家世不是你能够配得上的，你考虑过你们家境的悬殊吗?”伦勃朗沉思了片刻：“嗯，我也因为这个问题犹豫过，我曾经为了我们之间的差距而想挥剑斩情，但是怎么可能呢？莎士基雅那么美丽可爱，那么善解人意……怎么可能呢！我失败了，我屈服了，所以我要为了莎士基雅努力一次。你放心，婚后我一定会好好照顾莎士基雅，不让她吃苦。”

此时的维林堡也知道自己再怎么阻止恐怕也为时已晚了，弄不好他可能不仅损失伦勃朗这个合作伙伴，还会败坏自家堂妹的名声。经过反复思量，维林堡觉得既然伦勃朗现在受到上层社会的青睐，说不定有一天还能够飞黄腾达，再说伦勃朗又是自己的生意伙伴，两家一旦联姻，那么两人的合作关系就更加牢固了，最终维林堡还是选择了妥协，他不仅同意将堂妹嫁给伦勃朗，而且还答应去说服莎士基雅的哥哥姐姐们。

和莎士基雅订婚意义非同小可，它意味着上层社会接受了伦勃朗。生活中一切美好的事情似乎一下子都发生在伦勃朗的身上，他名利双收，有娇妻在怀，亲身体验着生活的无限美好。虽然他仍在勤奋地工作，但是情绪上已经按捺不住忘乎所以，不时流露出一些放纵的行为。

订婚的那天，伦勃朗携着娇美的妻子坐在四轮马车上，辚辚地碾过阿姆斯特丹的主要街道。他大摆筵席，招待众多的穷画家朋友和上流社会的贵宾们。伦勃朗暗暗地告诉自己：我已经是阿姆斯特丹的名人了，名人就要有名人的气派，要配得上莎士基雅的出身和地位。

天真单纯的伦勃朗对未来充满了美好的憧憬，他整日欢笑，沉浸在幸福的喜悦中。带着丰厚嫁妆出嫁的莎士基雅不仅让他体会到了物质上的满足，更让他体会到了精神上的愉悦。但是他的行为也引来了同行的嫉妒；他大摆筵席、招摇过市的行为也遭到了崇尚节俭的市民的反感与谴责；他不够检点的放纵举止也招来了教会的不满和责难，对此，伦勃朗毫无察觉。他只感到被幸福包围着，不加任何掩饰地流露自己的真实情感，在画面上淋漓尽致地挥洒全部喜悦的感受。

“古董迷”与“犹太街”

婚后的伦勃朗生活得如痴如醉，欢乐至极。莎士基雅激发了他的创造力，大大加强了他对美的真切体验。他以莎士基雅为模特，画了大量的肖像画和一些美妙的裸体。他时而把莎士基雅想象成花神，时而又想象成紧锁在铁塔里的“丹娜埃”，莎士基雅的形象激发了他无穷的想象。

莎士基雅也理解丈夫的这股傻劲，虽然每次为他做模特下来都腰酸背痛，心里并不高兴，尤其是丈夫要她脱下衣服做裸体模特的时候，她的忍耐实在已经到达极限。但每当她看到丈夫不可遏制的兴奋，便将嘴边的埋怨吞咽了下去，变成了“好”或者“可以”这类的词。

有一次，伦勃朗想再次创作花神题材的画作，就让莎士基雅站到了指定的位置，给她头上戴满鲜花，为她穿上紧身刺绣的长袍，外面披了件黑丝绒大氅，并让莎士基雅手持一支花枝手杖，伦勃朗不停地摆布着莎士基雅：“扭过脸来，微笑！”“头抬高一点！”“实在太美了。”

突然，莎士基雅表现出极不舒服的样子，她捂住胸口要呕吐，伦勃朗赶忙上前扶住她，问道：“你是不是着凉了？唉，都是我不好，让你穿那么点衣服！”莎士基雅摇了摇头，羞红了脸，对伦勃朗悄悄耳语了几句，当伦勃朗弄清楚是怎么回事，当即高兴地蹦了起来：“这是真的？我要做父亲了？”他一把将莎士基雅抱起来，一边转圈一边喊：“我要做父亲了！我要做父亲了！”

得知莎士基雅怀孕的消息之后，伦勃朗决定不能再寄住在维林堡家了，他要买一处豪宅，给未出世的孩子一份

“见面礼”。他要让未来的孩子生活在优越的环境中，同时他也要为自己创造更好一些的工作环境。订件的增多，学生的增多，不仅需要扩大画室，而且需要建立像样的、专门的铜版画室，这些都使买楼成为迫在眉睫的事情。

他和莎士基雅看上了离犹太居住区不远的富人住宅区里的一幢三层的楼房，和房主说好先付三分之一的房款即可入住，然后三年内付清剩余的三分之二房款，到时这栋房子才归伦勃朗所有。这栋房子位于阿姆斯特丹城内名人荟萃的宝地，伦勃朗十分满意这里的优雅环境，想着自己的孩子能在此享受富人优裕的物质与精神生活，自豪感便油然而生。

可是问题也来了，虽然他的事业达到了顶峰，但由于他不善理财和大手大脚，他手中的存款竟然凑不齐头款的一半。伦勃朗马上想起了城中的一位有钱人，而且相信从他那里马上可以筹到这笔现款，这个人就是康斯坦丁·绪金斯。自从莱顿一别之后，伦勃朗就再也没有主动与他联系过，更何况从绪金斯手里接到的奥伦治王室新建王宫里，由弗里德里希公爵亲自委托的系列五幅《基督受难图》，只完成了三幅，另外两幅迟迟没有交付。已来阿姆斯特丹三年也没有打过照面，伦勃朗实在没有把握绪金斯是不是会帮自己这个忙，但是眼下别无他法，买房的契约已经签下一个星期，带着歉疚的心情，伦勃朗只能硬着头皮给绪金斯写信，同时他又拼命赶起了另外两幅画，一幅是《基督的下葬》，另一幅是《基督的复活》，信中写道："……我以极端的热忱和毕生的精力来完成这两幅画，这成为我最逼真的情绪表现，也是为何我拖欠了这么久的原因，现在它们终于完工了。"

虽然这幅画送到王宫的时候油迹未干，可见画家的潦草，但是绪金斯依旧欣赏伦勃朗的才华，照旧付给了他一笔钱，及时地解了伦勃朗的燃眉之急。

伦勃朗如愿以偿地搬进了豪华的住宅，一楼前面部分分为客厅、餐室，后面部分作为他和莎士基雅宽敞、明亮的卧室；二楼作为他的画室、学生画室和铜版画工作室；三楼作为客房。他叫来仆人和学生用他所收藏的名画和古玩装饰整栋楼，客厅、房间、走廊、楼梯，到处焕然一新。伦勃朗上下一转，觉得很满意："唔，这才像个名流画家!"

其实伦勃朗的收入也很丰厚。很多人带着孩子上门拜师学艺，其中也不乏富庶人家，他们都希望伦勃朗能够不吝指教他们的孩子，从他这里学到绘画技巧。

《杜尔普先生的解剖课》给人的印象实在是太深了，

不仅立意新颖，手法独特，而且技巧超群，即使不懂画的人也不能对它夺目的光彩视而不见。此外，伦勃朗乘势将自己每幅画的定价提高到五百个盾以上，他仍和维林堡合作，向他索取高额的佣金。对伦勃朗的画，人们保持着很强的信心。他的画不仅在国内市场上成为宠儿，而且在其他国家也备受青睐。伦勃朗每年的收入，包括招收学生的学费，基本保持在一万两千盾左右，这是一笔相当可观的收入。即便如此，他还是经常入不敷出，他渐渐养成了大富豪的气派，尽情地买他所想要的一切东西，而且慷慨大方，只要是以前的穷画家朋友向他开口，他便毫不犹豫地解囊相助，这使得他每月的支出总是大于收入。

从画中学画一直是伦勃朗提高自己绘画技艺的重要方法，他虽然没有去过艺术圣殿意大利，但是他看过或临摹过无数意大利大师的作品，从中汲取养分，才取得了今天的艺术成就。自从他成名之后，又加上莎士基雅的丰厚陪嫁，他的手头宽裕起来，他不再满足于仅仅看看这些名作，而是逐步像那些艺术鉴赏家一样开始收藏起珍贵的艺术品来。只要手中有钱，他就会毫不犹豫地买进大师们的原作，包括荷兰和佛兰德斯本土的画家鲁斯本、布劳代尔等人的画作，来供自己研究和学习。此外，他还珍藏古代雕像，只要是他觉得美的东西，如土耳其饰物、中国和日本的瓷器、非洲的木雕等，一律不问情由地买回家中珍藏，从中汲取灵感，更好地融进自己的创作中。

伦勃朗喜欢参加拍卖行里的各种拍卖，凡是他认定的艺术品，哪怕抬到最高价，也要把它买到手，他说："这是要维护艺术职业的尊严。"认识他时间久的人都知道他有这样的习惯，这种豪奢大方的性格，在极有经济与经营头脑，量入为出，极其勤劳、质朴的荷兰人中可谓少见，人们都说他一点也不像荷兰人。

早年有过贫贱之交的吕文斯曾经劝过他："你这样花钱可不行，你的房款还没付清，好歹也要留些存款吧!"但是他实在固执，以"我需要"为由讲了一大堆道理："我喜欢买东西，不喜欢斤斤计较地和人家讲价钱，如果把古老的'雅各像'拿去换两个盾，我会受不了！每当到拍卖行看见我喜欢的东西，我就抢先出价，然后让他们抬高价钱，只有这样，艺术品被卖到一个较高的价格，我才不会感到艺术在受辱!"他继续说道，"如果我打算创造出我认为的优秀作品，就必须不断做实验，这就需要各种道具、参考资料和大量的材料，我喜欢在我身边放许多颜料和大量供我想象的东西，现在还不够。”

他那栋房子已经琳琅满目，到处都是画和收藏品，可他还是无计划地购买。只要客人一来，他便炫耀地领客人一一参观并作介绍：“瞧，这是布劳威尔的作品，我花高价买了他的好几幅作品，这真是难得的杰作，因为他再也不可能画了，他得急病死在医院里，只有 33 岁，真可惜！他天分很高。那是赛弗斯的画，我做学生时买下了他的六幅画，这儿有两幅，楼上画室有两幅，还有两幅在我的卧室里……这件中国瓷器是在拍卖行里买的，昂贵得惊人哩！这是提香的手迹，这件古罗马执政官的雕像，您一定没见过吧，这可是件难得的珍品！”

客人举目望去，只见藏品应有尽有：美丽的古董宝剑、铜戬、军刀，精致的雕刻徽章、非洲木雕、“美帝奇家族”的乌木椅以及在客人眼里看起来毫无用处的破铜烂铁、甲胄、珠宝首饰、过时老旧的肮脏服饰、鞋帽等等，它们都被画家认为是“难得的”应该拥有的东西。他的收藏渐渐扬名于阿姆斯特丹城，人们背后称他“古董迷”，说他那栋豪宅纯粹是个古玩店，藏品以丰富、古怪著称。

中年时期的自画像

除此之外，伦勃朗每周还要到小“耶路撒冷”城去淘淘宝贝。小“耶路撒冷”城是犹太侨民聚居的地方，犹太居民以他们奇特的生存方式和宗教习俗，把这个地方改造成他们心目中的“圣地”，它就像块奇异的宝石一样镶嵌在阿姆斯特丹的边缘。丰富多彩、五颜六色、充满着惊奇事物的小“耶路撒冷”城吸引着伦勃朗，他每周都要去一次，慢慢地他和这里的每个犹太画商、古董商都厮混得很熟了，时间久了，他甚至会操着当地人的口音和他们做买卖了。

这天伦勃朗又带上钱，为上星期谈好的一桩买卖独自一人来到小“耶路撒冷”，地上仍然很潮湿，有一种拥挤和肮脏的感觉。伦勃朗信步走着，一路上不少人向他脱帽行礼，用葡萄牙语、西班牙语或者是希伯来语混合而成的方言向他打招呼。各种商店在街上紧紧地排列着，食品商店的香味充斥着整条街道，穿着各色服饰的女人和伦勃朗擦肩而过并转过头来冲着他微笑。这里真是个宝库，对伦勃朗来讲，整个阿姆斯特丹拥有的宝物都超不过这里。

伦勃朗正在向一家古董商店走去，半路被好几家犹太画店或古玩店的老板拦住：“伦勃朗先生，我弄到一幅小小的意大利威尼斯画派风景原作，您来看一下吧，您一定会喜欢的。”

“伦勃朗先生，我有一枚珍贵的英国勋章……”

“哎，我手头还有一件真正的兰花瓷器，绝对不是德尔夫特的仿制品！您看看就知道了！”

“尊贵的伦勃朗先生！请到小店一坐，看看有没有您中意的东西。”

伦勃朗只觉得好笑，穷人出身的自己，如今被视作大富翁，想起自己在没有成名的日子里结识的那些朋友，现在也把自己当成“救济银库”。前天一位穷画家刚从他那儿拿走二十盾，昨天又有人求上门：“伦勃朗，可怜可怜我们一家子吧！我妻子快生第七胎了，我的孩子们近两个礼拜都没有吃过一顿饱饭了，你是个善良又有钱的朋友，请给我几十盾，救我一家之危吧！”

在半小时即可走完的大街上，由于各路犹太画商的热情招揽，伦勃朗花了整整两个小时才走到了他要去的那家古董店。那家店位于古董街的地下，伦勃朗拾级而下，来到一间酒馆的地下一层，门牌上本来写着店主的名字，可惜不知道哪个调皮的孩子用泥巴糊住了，伦勃朗笑笑就转身进去了。

里面黑乎乎的，伦勃朗好一会儿才让眼睛适应了。只听店主那热情招呼的声音：“可把您盼来了，昨天有个买主想买了去，我都没有出手。”只听见“啊”的一声，原来店主穿着一件拖到地上的长衫，由于急着迎上来不小心绊住了脚，跌了个跟头，他赶紧爬起来，顾不上拍掉身上的灰尘，便领伦勃朗到柜台后边，从柜里取出早已准备好的古物。

这是一幅男孩的头像，尺幅不大，老板一口咬定：

“是米开朗琪罗的作品，绝对没错!”伦勃朗看得很仔细，特别是画上的笔法和签名，经过仔细鉴别，他断定的确是米开朗琪罗的作品，心里暗想：“这幅画起码值个上千盾，即使花一千五百个盾我也要把它买下来。”蓄着浓密络腮胡子的店主操着南腔北调，三分之一的德语、三分之一的葡萄牙语，还有三分之一似乎是“大卫王”赞美诗里的古老的希伯来语，伦勃朗不光懂得这些语言，还说得十分流利，他和店主讨价还价，并激烈地争吵起来。最后店主同意以三百个盾的价钱卖给伦勃朗，条件是他必须连画框也一道买去，画框的价钱是两百个盾!

伦勃朗不再说什么，慷慨地付了钱，连同画框，夹在胳膊下就走了，他心里得意，以为占了大便宜!而这位店主也欢天喜地地收了钱，在他身后高兴地嘱咐：“别忘了再来呀!”双方都各自暗喜。伦勃朗想：“这画买得的确便宜!”那店主也一边数钱一边笑着嘀咕：“这傻瓜，只值五个盾的画框竟被他用两百个盾买了去!天底下还有这样的傻瓜!”

性格抵牾：不能取悦于世

伦勃朗的第一个孩子生下来没到两个月就夭折了。孩子出生的时候没有哭，只是静静地躺着，也不吃奶，一直到悄悄死去，想什么办法也没用，医生说，莎士基雅的体质太差，孩子成活的希望很渺茫。

这个打击对莎士基雅太大了！她发疯般不让人抱走孩子的尸体，紧搂着幼小的尸身，神情痴呆地坐在那里，不时地用一只手比画着，丈量尸身的长度，似乎想知道孩子从生下来到死去到底长大了多少。那都是她用心血一点一点喂养起来的呀，可她仍然失败了。

好一会儿，伦勃朗才敢上前，把疲劳得几乎昏厥过去的莎士基雅抱在怀里，在她耳边安慰道："别哭坏了身子，孩子，我们以后还会有的。"他叫人轻轻地把孩子的尸身取走，然后扶莎士基雅躺下。

因为长子的夭折，伦勃朗积压了一大堆订件，他慢慢地腻烦了那些要按照主顾意见来画的画作。因为那些画作占用了一切他想用来搞实验的时间。但是为了生计，伦勃朗毫无办法。住在这栋大房子里开销极大，加上他一掷千金的习惯，手上没有钱是万万不行的，他不得不受制于人。他那充沛的精力和艺术气质，也需要从物质享受和琳琅满目的精美艺术品中获得满足和安慰。他不可能再去过那种迫于穷困而不得不精打细算的简朴日子。

在伦勃朗眼里，这些订件人无非是一些酒囊饭袋，根本不懂艺术，还企图对他的画指指点点，真是讨厌极了。有些很吝啬的人，“打肿脸充胖子”，花五百个盾找他订肖像画，不过是慕名而来，赶个时髦而已。他们实在禁不住外界对伦勃朗神乎其神的画技的吹捧，说什么“他能变魔术般地把你画得从画里走出来”，“他会变戏法，把你身上的宝石、玉器画得比真的还要贵重！”“他画得又好又快，干净利落，才气横溢！”凡此种种，实在不胜枚举。

他们好不容易找这位大名鼎鼎的伦勃朗订上件，却令自己大失所望。伦勃朗不仅不能按时交件，即使交了件，也是些匆忙涂鸦没有完成的画。找他订件画作太难，即使订上也是一拖再拖，甚至要等上两三个月，他想什么时候交就什么时候交，他为所欲为，公然对订主们宣称：“一幅画是不是画完了，不是由你们说了算的，它是由我说了算的，我说画完了，这幅画就是画完了，我说没画完就是没画完！懂了吗？不耐烦就找别人去呀！”

有时甚至订件人出了钱还不让人家提意见！有个并不富裕的鞋匠，拿到订件后发现自己脚上穿的那只鞋面有点问题，毕竟自己对做鞋很内行，便向伦勃朗提出了修改意见，看上去伦勃朗还蛮谦虚的，连忙拿过笔来按照他的意见修改了，鞋匠还是不满意，左端详，右思量，发现另一只脚也画得有点问题，于是他又提出修改的意见，伦勃朗就不耐烦了，说出来的话很不好听：“你以为你是什么人？你会做鞋，可以对自己做的鞋提意见，怎么狂妄到敢对上帝造的人也提意见？”

那鞋匠满脸通红，自讨没趣，最后只好拿着画悻悻地走了。

在人们眼中，伦勃朗是个狂人，他恃才傲物，不理会大众的看法，也不管顾客、订主们的埋怨，他总在给别人画肖像画的时候寻找着什么，甚至大胆到在别人的肖像画上做实验。别人花五百个盾这样高的价钱，可不是为了给他做实验的，人家花钱是为了让自己的光辉形象流芳百世，流传给子孙后代看的！谁不希望把自己画得美一点，光润一点？荷兰不正在风行“一丝不苟地表现对象的平滑画面”的新样式吗？伦勃朗却毫不客气地抛弃了它，画面上用笔极为粗放，颜料涂得有半个手指头那么厚，笔触到处可见。最令人生气的是，他总不把画画完，只着重刻画某个局部的特征，其他地方就放弃了，或者寥寥数笔，草率从事。在他之前还没有人敢对五百个盾的高价订件做这样的实验呢！

终于，伦勃朗与订件人的矛盾越来越大。

这天一位等得不耐烦的主顾又到了伦勃朗的画室，质问他几时才轮到给自己画像，伦勃朗禁不住主顾的纠缠，说：“好吧，我这就给你画。”打扮布置好之后，他刷刷地，只用半天时间就画好了这幅肖像画，“好了！结了尾数你就可以把画拿走了。”

“什么！这么短的时间你就要我五百个盾？”主顾愤怒了。

“时间虽短，可这是我半生积累起来的经验呀！我可是一分价钱一分货，保质保量的呀，从不和人讨价还价！你自己看看，有什么不满意的地方？”

主顾怕看不清楚，朝前走几步凑到画跟前：“这都是些什么呀？凹凸不平，颜料堆得跟山似的！乱七八糟，什么都看不清。”

“嗨嗨嗨，谁让你凑这么近了，走远点再看，看不清的东西站到我这个位置你就能看清楚了。”

主顾退到伦勃朗站立的位置，果不其然，一切都变得那么立体、清晰、强烈，自己正神气活现地站在画上，画面就像一面镜子，看到了里面活生生的仿佛会动的自己。奇怪！那在跟前看到的乱七八糟的颜料都到哪里去了？他挺纳闷的，又不得不服伦勃朗魔术般的绘画技法，一时间他实在找不出挑剔的理由，心里却愤愤不平。

伦勃朗在肖像画里分析人物的心理、性格，可以说已经达到入木三分的地步了，他卓越的心理分析再加上精湛的技巧，一个真实完整的人就活灵活现地呈现出来了，但是这种锋利得如同解剖刀般的深刻不是一般人受得了的。

一位名叫威廉·斯图夫特的富商，娶了个性格非常泼悍的女人为妻，这个女人经常在家里大发雷霆，动辄寻死觅活地要挟他，这位颇爱面子的富商为了息事宁人，样样依从于妻子，久而久之，妻子在家里说一不二，富商乖乖地唯命是从。爱面子的斯图夫特在外面努力撑起大男人的架子，回到家里则看老婆的脸色行事。

找伦勃朗画肖像画也是妻子的命令：“你好歹也是阿

姆斯特丹皮革行业有成就的人了，画张像给咱们的子孙后代留个辉煌的纪念吧，别那么穷酸，要画就找个好画家，这笔钱咱们花得起，我看就伦勃朗吧，我听人说他的画是阿姆斯特丹一流的。”

约定好时间后，妻子把自己和丈夫打扮停当，两人都穿上了过节才穿的丝绸质地的华美衣裳，一起来到伦勃朗的府上。对任何人包括自己，伦勃朗总是追求真实地刻画，这种真实既包括内在，也包括外在，他从不抱奉承恭维的态度去美化任何人。他让斯图夫特的妻子坐在画室的椅子上，而她的丈夫——斯图夫特先生则站在椅子旁边，微微侧身凝视着自己的妻子，这样的画面构图所表现出的款款爱意不言而喻，不仅能看出夫妻二人的深厚情感，而且将丈夫的谦谦君子之风表现得淋漓尽致。

伦勃朗看着两人之间的神情交流，先微微凝眉，然后刷刷下笔如有神助，一会儿草图就勾勒出来了。两天后，斯图夫特先生依约来拿完成的肖像画订件。一看到这幅画，斯图夫特就表现出很强烈的反应。他先是不声不响地看了半天，继而脸上红一阵白一阵，紧跟着是愤怒的表情，最后哭丧着脸求画家：“求求您了，在神态上改改吧，不要让我的街坊邻里，甚至以后看到这幅肖像画的子孙后代都觉得我是个怕老婆的窝囊废。他们会笑话我的。”

“你怕老婆吗？我并不知道呀！我只是如实地描绘你的神情而已。”

“你不知道？那你为何把我画成怕老婆的样子？”斯图夫特立即气汹汹地反问。

“那问你自己呀！告诉你吧，再画，你也还是个怕老婆的神情，除非你自己心里不再怕她，那还差不多。”

一听说要改掉怕妻子的毛病，斯图夫特立马闭上了嘴巴，他颇为不快地拿上这幅金碧辉煌的肖像画向妻子交差去了。当然，对这幅肖像画最满意的还是斯图夫特的妻子。只要她认可，斯图夫特就算有再大的胆子也不敢找伦勃朗理论退钱。

快速的成功让伦勃朗忘记了，1631 年初到阿姆斯特丹的他，是以尊重一切资产阶级艺术口味为发端，才赢得今日的财富与地位。如果他不去想方设法取悦大众，而更多地服从内心的力量去进行创作实验，他的未来将如何？

第 5 章：命运之轮转向

《城市自卫队群画像》失败

这天，伦勃朗的家中来了一位陌生的客人，经过介绍，伦勃朗才知道他是阿姆斯特丹城市自卫队的队长班宁·柯克大尉，他想请伦勃朗为他的城市自卫队全体队员画张肖像画。

自卫队专门为这件重要的事情举行过一场讨论，队员们最先想到的是凡·德·赫尔斯特，因为他画过很多这类题材的作品；后来想到伦勃朗已经成名的学生格瓦尔特·弗林克；还有几位自卫队员想请另外的画家。一次偶然的机会，班宁·柯克大尉看到伦勃朗为杨·希克斯的母亲画的肖像画，还有伦勃朗一些其他的油画作品，他被伦勃朗的技法深深打动了，特别是看到伦勃朗为牧师安斯洛和他的妻子画的肖像画之后，他深深地喜欢上了这种新颖的布局。

这幅双人肖像不像通常所见的那样呆坐在一起，而是夫妻之间在做着真诚的交流，并流露出对彼此所谈的问题深感兴趣的神态，他觉得这幅画能引人深思，于是班宁·柯克大尉拿定主意："一分价钱一分货，就找伦勃朗画吧!"

伦勃朗见到班宁·柯克大尉亲自上门订城市自卫队的肖像画，感到非常高兴。莎士基雅病了，他急需要钱。莎士基雅为他产下第四个孩子，终于病倒了。和伦勃朗结婚的七个年头里，她本身就弱不禁风，还冒着生命的危险，一次又一次地为伦勃朗怀孕生子。前三个孩子一个接着一个地夭折，对她的精神也造成了极大的打击，虚弱不堪的身体始终难以恢复。此刻她只能躺在病床上，以自己的生命为新生儿向上帝祈祷："万能的主呀，请让我的这个儿子活下来吧！我愿意用我的生命换他的生命……"当怀上第四个孩子的时候，莎士基雅几乎拼上了性命。她身体状况很不好，在孩子出生以前就吐了很多血，分娩时又昏厥过去，险些送了命。产后莎士基雅严重虚脱，身体每况愈下，根本无法为新生儿喂奶，伦勃朗只好请来身强体健的保姆养育这个小儿子。也亏得保姆经验丰富、尽心尽力，小儿子才没有像他的前三个哥哥姐姐一样过早夭折。伦勃朗给他取名为“蒂图斯”。

在这样的家庭境况下，伦勃朗只有比以前更加卖力地工作，才能有经济实力养活孱弱的妻子和儿子。他和班宁·柯克大尉详细地商讨了究竟怎样画这幅肖像画。班宁·柯克似乎品位不俗，他明确表示不喜欢以前千篇一律的表现方式，鼓励伦勃朗开创新的构图方式。

“大多数队员都希望画成一幅普通的、与以往一样的群体肖像，最好画成在酒席上或者庆功宴会上，桌面上摆满山珍海味和美味佳肴，官兵们端正而坐，每个人精神抖擞，个个看上去都勇敢、骄傲。但我考虑这类似的群像是否已经画滥了？变得毫无意义？我总感觉这些画面中的人物喝多了酒似的，让人感到不舒服。我想问问你，画这类群像有没有什么新的方法可以采用？”

“新的方法？”就是像伦勃朗这样大胆的画家也没有画过这么大幅的群体画像，而且主顾的要求竟然还是“新颖”！不过这似乎正对伦勃朗的胃口，他听着班宁·柯克大尉的建议，激动得跃跃欲试，喜不自禁道：“班宁·柯克大尉阁下，您的提议使我深感意义重大，我大胆请求这幅画让我自由发挥，我会创作出一幅绝不同于以往的群体肖像画。”

“很高兴听到您这样的回答，我更希望您能采用一种新的手法，让这幅画与众不同，就像您在为牧师安斯洛和他的妻子画的肖像画上所作的尝试一样。好吧，就这样说定了，您构思完成之后，请来找我，到时候我们就细节再好好谈一谈。”班宁·柯克大尉礼貌地起身告辞，并留下了地址。

伦勃朗一连几天疯狂地画草图，画了再揉掉，揉掉再画！始终拿不出一个满意的方案。他灰心失望，几乎快要放弃了。他苦恼的是找不到创作《杜尔普先生的解剖课》时深刻的创作思想。今天的城市自卫队，实际上形同虚设，并没有特别重大的意义，通常不过是愉快的社交聚会的借口。伦勃朗放下画笔，信步走出画室。

不知不觉间他来到了犹太人的居住区，那条熟悉的大街又展现在他的眼前。对主题创作深感兴趣的伦勃朗想起了犹太人的历史和文化，想起他们对神秘的热衷和对宗教的信仰……咦？能否将肖像画和历史画结合在一起，用历史的笔法表现现实的题材？这个念头一闪而过，伦勃朗感觉眼前一亮，头脑中顿时充满了灵感。他看也没看眼前跟他打招呼的人，转身便往自己家的方向跑去。

班宁·柯克大尉提出的新的绘画要求被伦勃朗看成是

一次难得的挑战自己的机会，它将催生出一幅人们见所未见的巨作！伦勃朗准备将他的集体肖像画创作，从《杜尔普先生的解剖课》再向前跨越一步，他要再一次向人们证明自己的雄厚力量，他要再一次震惊阿姆斯特丹！如果说《杜尔普先生的解剖课》表现的是"科学"的全部含义，那么这次的城市自卫队画像他想表现的是荷兰人的"英雄"概念和不顾自身性命、追求独立平等的决心。

伦勃朗感到自己的眼前出现了他童年时老祖父讲的那些战争年代的故事。阿尔克马和莱顿的英勇市民，就像铜塑的雕像站立在城头，吓得敌人胆战心惊！他还看见哈勒姆的英勇市民在城破之后，临死之前还死死咬住敌人不放，连妇女儿童都宁死不屈的惨烈场景！他那深藏于心的民族自豪感又一次被激发了出来。伦勃朗激动不已地抓起画笔在纸上开始了草图的创作。

当天晚上，伦勃朗带着草图找到了班宁·柯克大尉住的那所豪华公寓，班宁·柯克大尉非常客气地接待了他，领他到书房，伦勃朗拿出自己草草勾出的草图，激动地对班宁·柯克大尉讲起了他的构思："我想把整个场景安排在执行一项重要的任务之前，您和您的部下正离开武器库向观者走来，其中一名自卫队员在击鼓报警，有的士兵在取长矛刀剑，另一些士兵在整理枪支。整队之前一切都还显得混乱，每逢这种时刻，总有几名淘气的儿童在人群中钻来钻去，还有出巡必不可少的猎犬在自卫队员的身旁。这个紧张的画面始终围绕着一个中心，这个中心就是领袖人物——您，城市自卫队的队长班宁·柯克大尉。我想把您画成从容不迫的样子，正在稳步向前行进，而身后的士兵也正在调整步伐跟上。”

班宁·柯克大尉颇感兴趣地听着，脸上不时地闪现出满意的微笑，这是正陷在自己的幻想中的伦勃朗肯定没有注意到的。“我非常同意您的意见，我会配合您创作这幅集体肖像画的。”

班宁·柯克大尉将伦勃朗带到自己的团队营地，破例同意伦勃朗在楼上的军人俱乐部宽敞的会议室作画。伦勃朗随即开始了紧张的创作过程，他随心所欲地让所有绘画方法都服从于他的绘画目的。他为每个人都画了单独的全身和半身速写，然后关起门来激动地进行创作，如同进行一项秘密实验。伦勃朗害怕自己绝妙的创意和绘画构图提前被人们知道，他这幅画现在还不到曝光的时候，到时候它一定会一鸣惊人，因为在这幅画里，他不仅运用了崭新的绘画技巧，更重要的是改变了整个时尚和修正了艺术规范，他迫切期待看到人们惊讶的神情。

《夜巡》(《城市自卫队群画像》)

伦勃朗高兴得太早了，画作完成后，的确引起了轰动，的确让人们大谈特谈，只是这个效果与伦勃朗预期的正好相反！这种表达思想的色彩，这种新颖的表现手法，引起众人的第一反应就是哈哈大笑。先是看了画的城市自卫队的队员们哈哈大笑，然后是他们的妻子儿女，最后是全城的人一起大笑。全城的人都笑了之后，自卫队的队员们反而不笑了，他们感觉受到了深深的嘲弄，更何况他们还要出钱。想到必须出钱，他们就忍不住愤怒了："为什么要出钱?"他们不由得质问道。

每个人将近要出一百到两百个盾，但是大家的心里却一点儿都不满意，凭什么那个蠢货被安排去扛枪？凭什么自己被安排全身隐没在武器库的阴影里，只露出一个侧面的形象？凭什么自己要成为这幅画中的陪衬？诸多的质疑就像浪潮一样向伦勃朗席卷而来。于是城市自卫队的队员们就像商量好似的纷纷拒绝交钱。

祸不单行，这幅画立刻在阿姆斯特丹引起了大讨论，不论是评论家、画家还是文学家，他们纷纷对这幅画口诛笔伐，伦勃朗遭遇了前所未有的危机。很多嫉妒伦勃朗的文人参加了这场公开的声讨活动，早就对伦勃朗奢靡作风不满的教会更是推波助澜，一度声称“应该让伦勃朗受到上帝的惩罚”。最可恶的就是昔日的贫贱之交——那些受过伦勃朗资助的画家朋友们，他们中的有些人早就眼红了伦勃朗的好运气，暗暗记恨在心，伦勃朗得势时便假意示好，索取无度，伦勃朗一旦失势了，他们便落井下石，通过报纸发表自己的见解，说什么“这位误入歧途的可怜朋友，在这幅画上已将自己的才智穷尽”，“本来被大家公认的最伟大的画家，没想到如此年轻就已经走向自己的极限”。这样的忘恩负义，雪上加霜，让伦勃朗感到寒心。

伦勃朗无奈地找到了班宁·柯克大尉，这幅画的构思不仅是两个人一起商议决定的，更重要的是画面“创新”

的要求也是班宁·柯克大尉提出的，在某种程度上他才是这幅画的幕后指导者。当伦勃朗再次来到班宁·柯克大尉的豪宅，仆人通报伦勃朗来访时，大尉一下子慌乱不已，“快快，就说我不在，你去打发他走。记住以后他来找我，你一律帮我推脱。”原来，由于流言四起，班宁·柯克大尉一直躲着伦勃朗。传言称，当他第一次看见《城市自卫队群画像》时大惊失色，非但没有因为伦勃朗把自己画在画面的中央而感激伦勃朗，反而由于自己成了全城嘲笑的对象而怨恨不已，为了洗清伦勃朗带来的“污名”，他不得不又找了另一位大画家赫尔斯特重新为自己画了一幅巨幅的肖像画，以求重新树立形象。

走投无路的伦勃朗干了一件令每一个画家都深以为耻的事情——向仲裁委员会提交申诉，他必须将自己的画交给仲裁委员会的一群门外汉，让他们来评定自己的心血到底值几个钱。虽然感到深深的屈辱，但是伦勃朗不得不这么做，因为在创作《城市自卫队群画像》的半年里，他几乎没有接过其他的工作。说好的五千个盾如果不翼而飞，他的生活将难以为继。与之前的好运不同，伦勃朗好像突然不受命运女神眷顾了一般，他竟然败诉了！所谓的仲裁委员会也是“墙头草”，听见社会舆论的抨击，轻易地判定伦勃朗的画作“毫无价值”，伦勃朗只追讨回来很小一部分的报酬，半年的心血白白耗费。这幅画成了伦勃朗命运的转折点，从此他的厄运接踵而来。

莎士基雅病重

和伦勃朗共同生活的七个年头里，莎士基雅过得并不幸福。虽然在物质上她从未感到过匮乏，但是前三个孩子的相继夭折给她造成了无法承受的创痛。再加上丈夫沉迷于艺术的世界，无暇顾及夫妻二人的精神交流。无论伦勃朗在画中把她打扮成花神还是贵妇，她的眼中总是流露出淡淡的忧郁色彩。

有时她看到伦勃朗用发光的眼神看着装扮得艳丽无比的自己时，她会想：他爱的不是我，而是幻想中的美女。当她怀孕的强烈反应和越来越笨重的身体根本承受不了当模特的辛劳时，伦勃朗也只是淡淡地安慰：“再坚持一下就好了，你不知道你现在看起来有多美。”但是这样的安慰是多么苍白无力，莎士基雅感到从未有过的心寒。但性格温顺贤惠的莎士基雅从来没有一句怨言，她将一切伤心和不满默默咽下……种种痛苦使莎士基雅渐渐地患上了忧郁症。终于，在生下第四个孩子之后，莎士基雅彻底倒下了。

莎士基雅是在1641年冬天离开这个世界的，恶劣的天气状况预示着这一年的不吉利。持续不断的暴风雨酿成大洪水，淹死了不少牲畜。到了寒冷的冬季，阿姆斯特丹整天泡在无法驱散的潮气里，更加阴冷潮湿，墙壁和家居上都长出了霉斑，终日见不到太阳。各种流行疾病借机滋生蔓延，就像一群在黑暗中张牙舞爪疯狂行虐的恶魔。这一切都在宣告着厄运的来临。

大雨已经连续下了一个月，家里的仆人匆匆来到一名主顾的家里找到伦勃朗，“伦勃朗先生，夫人一直咳个不停，您快想想办法呀！”原来此时伦勃朗正在一位主顾家里帮人家画肖像画，他闻言大惊，立即吩咐仆人去请约翰·范·龙恩医生，自己也放下没有完成的肖像画匆匆告辞。

约翰·范·龙恩医生是住在伦勃朗这个街区的家庭医生，专门为富贵人家提供上门的医疗服务，之前莎士基雅也都是找他看的病。约翰·范·龙恩医生冒雨赶到伦勃朗家里的时候，看到莎士基雅咳个不停，全身烧得滚烫，脉搏微弱，医生当即给她打了镇静剂，让她能够安然入睡。伦勃朗焦急地来回踱步，当医生走出房门，他立即迎上去："莎士基雅怎么样了？她有没有危险？"医生板起脸孔："您知不知道您的夫人患了肺结核？从她的症状来看已经是晚期了，这种病目前还没有特效药。"

"我不知道，我以为她只是生孩子造成的虚弱而已，没想到……没想到会这么严重。我想请您留下来照顾她，行吗？"伦勃朗喃喃地说道，他因为忽略了妻子而感到无比的内疚。

"留下来照顾病人是我身为医生的天职，不过伦勃朗先生，请恕我直言，您妻子的病与您长年在外奔波也有关系，我能看出您的夫人精神有些抑郁的倾向，如果您能多抽出些时间来陪陪她，我想会比我的镇静剂有效得多。"

听到医生的话，伦勃朗更加为自己没有尽到一个丈夫的责任而感到深深的自责，接下来的几天他推掉了各种肖像画的预约，在家静静地陪伴身体虚弱的莎士基雅。约翰·范·龙恩医生跟伦勃朗谈完，马上采取行动。肺结核是一种可以通过空气传播的疾病，为了保证小蒂图斯的生命安全，他先让保姆把刚刚出生的小蒂图斯抱到阳光、空气都很充足的铜版画室去睡觉。医生没有把自己的第一感觉告诉伦勃朗，其实当他第一眼看见虚弱的莎士基雅时，他就明白莎士基雅时日无多了。折磨着莎士基雅的不仅仅是孱弱的身体，还有她那糟糕的精神状态。一个一心求死的人，任凭医生如何神通广大也是救不回来的。医生心里有数，可怜的莎士基雅只是在挨日子罢了。

吃了药，莎士基雅勉强睡着了，随着烧退，脸上不正常的红晕也逐渐退掉了，憔悴得发青的脸色更加难看。

善良的约翰·范·龙恩医生几乎每隔一天就来看看莎士基雅，密切关注着她的病情。和所有肺结核病人一样，莎士基雅在不咳喘的时候丝毫感觉不到自己的身体面临什么大的问题，她只感到浑身使不上力气，站不起来。发烧迅速耗尽了她的体力，尽管如此，不论是伦勃朗还是莎士基雅都抱有一种强烈的错觉：这病能够痊愈。

医生除了使用镇静剂，并没有使用其他药物，他更多地在使用一种心理疗法，他要给莎士基雅活下去的希望。即使活着的日子可能只有一年、半年甚至几个月，他的职责也是要减轻她的痛苦，让她微笑着面对死神。医生常与她聊天："你的孩子很可爱！"

“他可爱吗?”莎士基雅顿时高兴起来，潮红的脸颊流露出少妇的欢喜，“他的确是个可爱的小宝贝，我希望他长大后能成为一名海员!”

“海员?难道你不希望他长大以后子承父业，也成为一名大画家吗?”

“画家?不不不，我只希望我的孩子平安、幸福。”

“难道他的父亲伦勃朗现在不幸福吗?他不仅有你，有工作，还有可爱的孩子……”

“您说对了，他有工作，在工作之余才有我和孩子，在过去担任他的模特的岁月里，他随意地把我打扮成花神、皇后，我感觉我只是他工作的一部分，而不是他生活的一部分!”

“你想多了，即使你是他工作的一部分，那也是最美的一部分!”

“咳咳咳……咳咳……”莎士基雅激动的话语牵动了她的肺部，又是一阵连续的猛烈咳嗽。医生见莎士基雅的反应如此强烈，识趣地没再提伦勃朗的事情，他深深地认识到了莎士基雅在这段婚姻中饱受了许多委屈。他感到这位画家与一般的成熟男人不一样，他好像分不出精力来管理好他的家庭，似乎也没有能力处理俗务，也许他真的不应该结婚！医生决定与伦勃朗谈一谈，要让他充分意识到莎士基雅病情的严重性。

正在这时，伦勃朗恰好从外面回来，见到约翰·范·龙恩医生，立马上前招呼道："医生，您来了，真是辛苦您了，我妻子的病情如何了?"

"我也正想和您谈谈这个问题呢!"

"那好，请您到楼上的画室坐坐吧!"

两人顺着楼梯一路无话，来到画室里，约翰·范·龙恩医生开门见山地告诉伦勃朗："您妻子在世的时间恐怕不多了！也许一年，也许就这几个月，也许就这几个星期，她的病已经到了晚期了。"

"怎么会？她看上去不是好好的吗?"伦勃朗有点发慌。

"那是您根本不关心她才会这么觉得，实际上她每天都在跟病魔做着殊死搏斗，而您却一无所知！作为医生，我见惯了生离死别，我要提醒您她需要您的爱，只有您的爱才能帮她延长生命，不要等到失去她才感到后悔，到时候就太迟了。"

医生的话犹如晴天霹雳，伦勃朗有种大祸临头的感觉。他痛悔自己对不起妻子，含着眼泪猛打自己嘴巴，痛斥自己疏忽大意：“是我，都是我害了她！她的病本来没有那么严重的，都是我的疏忽耽误了她的病情！我对不起她，我对不起她……”他背过身去擦干眼泪，然后轻轻来到画架旁，把所有画笔都洗净，又仔细在一块布上擦干，把画架从光亮处挪到墙根，最后慢慢脱下工作服，郑重地对医生说：“我们下楼吧。”

他锁上画室，随着医生下了楼，走到妻子床边：“亲爱的莎士基雅，从今天起，我是你的保姆，我会一直陪在你的身边。”

伦勃朗没有食言，直到莎士基雅辞世，他再也没有离开过她，他深爱着莎士基雅，她不仅是他笔下的“女神”，也是他心中的“女神”，莎士基雅在伦勃朗的怀中向“天国”飞去。

保姆基尔洁的纠缠

保姆基尔洁是近郊戈达镇的人，干保姆这行已经很多年了，她刚刚来到阿姆斯特丹时，也像正常的女孩子一样结婚生子，但是不幸的是她遇见的竟是些骗子。在来伦勃朗家干活之前，她已经与很多男人保持着不正当的男女关系，最后一任“情人”在她刚刚怀孕的时候把她抛弃了，她毫无办法，只能来伦勃朗家应聘奶妈。

基尔洁刚刚到伦勃朗家时，一心想得到这份工作的她脸上堆满了谄媚的笑意。她看上去倒是不丑，两只乳房鼓胀着，像头奶水充足的母牛，伦勃朗即刻让她留下。然而，刚刚生产完躺在床上的莎士基雅对她的第一印象却很不好。基尔洁那双尖细的鼻梁和突出的薄嘴唇给人一种尖刻的印象，还有那双露出凶悍的光的双眼，看不出有多少善良，却似乎暗藏着愤愤不平。可是，襁褓中的婴儿需要喂奶，莎士基雅起不了床，离不了人的照顾，而伦勃朗除了工作还是工作，家里指望不上他，无可奈何，莎士基雅只好把自己和孩子交给基尔洁摆布。

事实证明莎士基雅的第六感非常准确！伦勃朗根本就不了解女人，更不了解像基尔洁这样的风月老手，而基尔洁却很快认识到了他的弱点，并利用这一弱点满足自己的利益。伦勃朗身体强健，有着公牛般的体质和冲动的性欲，妻子长期卧床让他感觉很压抑，每当有这方面的欲望，他就拼命工作来麻痹自己，但有时他又控制不住走近刚睡着的莎士基雅身边，虚弱的莎士基雅不仅没办法满足他，而且还会流露出一股愠怒的神色。这些都被保姆基尔洁暗暗看在眼里。她伺机而动，在一天深夜，她只穿着内衣，悄悄潜入了伦勃朗正在工作的铜版机印刷间里……

刚开始做家务时，基尔洁还勤快周到，但是慢慢地她越来越放肆，常常将垃圾桶随手放在客厅的椅子上，或者故意将孩子的尿盆放在客厅的餐桌旁，把整个家弄得乱七八糟。她还时常离间伦勃朗和莎士基雅的夫妻关系，有意欺辱莎士基雅，给她精神上的刺激。基尔洁打着如意算盘：莎士基雅迟早会死去，靠这种肉体的维系，她也许能够取代莎士基雅的地位，成为这座大房子的女主人……

在基尔洁越来越放肆的过程中，莎士基雅的病情也到了无可救药的地步，基尔洁暗自高兴，但是她发现事态的发展却并不如她的意。伦勃朗失魂落魄，怀着对妻子深深的歉疚之情，他开始像躲避瘟神一样避开基尔洁。基尔洁这才明白伦勃朗心中从未有过她的地位，她决定死乞白赖地缠住伦勃朗，不让他像别的男人一样甩掉自己。

终于等到了机会，当伦勃朗从妻子的房间出来，准备去铜版画室稍稍休息一下时，基尔洁就站在走廊的尽头，她早就恭候多时了。伦勃朗一看见她就深深皱了一下眉头，他垂首敛眉，假装没看见基尔洁，想从她身旁躲过去。基尔洁看见伦勃朗这样的反应，顿时气汹汹地责问："伦勃朗，你为什么不理我了，我们之前不是一直相处得很愉快吗？为什么这两天我敲你房间的门你不答应？"

"基尔洁，我认真地想过了，我们两个是一时糊涂，所以我们就当什么也没有发生过好吗？如果你要离开的话，我会给你一笔精神补偿的！"

"你这是什么意思？占有了我之后又想把我一脚踢开，我告诉你，伦勃朗，没那么容易！……"

"够了够了！求你不要再说下去了，我承认是我对不起你，但是你也有责任……"其实伦勃朗已经陷入深深的自责中了，他后悔自己在妻子病重的时候与基尔洁的不节制行为，尽管不是他主动的，但是他还是饱受良心的折磨，这几天他更是寸步不离地照顾莎士基雅，以此来赎罪。

莎士基雅终于没挨过那个冬天，这对伦勃朗来说是个晴天霹雳，他失去了他人生的挚爱。但是对于基尔洁却没有比这更好的消息了，她早就在心里默默诅咒着这个拖着一副病体却苦苦支撑的女人。

莎士基雅去世以后，伦勃朗彻底陷入了俗事的纷扰之中，他除了要安排莎士基雅的葬礼外，就是对她的遗产的分割。莎士基雅给伦勃朗，严格说来是给儿子蒂图斯留下了一笔丰厚的遗产，约有五万个盾。当遗嘱执行人向伦勃朗宣读这份遗嘱时，伦勃朗再次感受到了妻子对他的爱。

遗嘱宣布，有关莎士基雅的全部遗产，统统归伦勃朗所有，条件是他一定要照顾好孩子，并让孩子接受最好的教育。但是如果伦勃朗与人再婚，全部财产将不再由其监管，理所当然归其子蒂图斯所有。

有关遗产的落实办理手续很麻烦，因为这牵涉到莎士基雅的全部姻亲，最怕麻烦的伦勃朗只好忍耐着每天去跑法院，基尔洁听到女主人莎士基雅留下这么一大笔遗产的时候更是双眼放光，每天在家就撺掇伦勃朗尽快把这笔遗产搞到手。她想：就凭伦勃朗那种不会理财的人，遗产到手之后还不是任凭自己摆布！她在绝望之中又看到了希望。

可是遗产的继承偏偏出了问题，问题就出在莎士基雅的亲戚们身上。莎士基雅的哥哥姐姐们看到莎士基雅要求均分财产的信，愤怒了！他们的父亲罗伯特曾任雷瓦登的市长，在佛里斯兰很有名望，留下了大笔的遗产，均分起来每个子女确实可以得到五万个盾，但是长年以来这些钱早就变成了房屋、田地这样的固定资产和不动产。在佛里斯兰的子女可以分享出租田地的可观的租金和利息，但是财政情况复杂。伦勃朗突然提出要他们变卖房屋、田地，交出五万个盾的遗产，怎么可能？

这些亲戚们开始还搪塞伦勃朗："现在卖田地不是摆明了亏本吗？过段时日吧！"伦勃朗也天真地相信他总会拿到属于自己的那五万个盾的。但是随着时间的推移，那些亲戚们终于露出了真面目，他们再也不愿意应付伦勃朗这样的"乡下人"了！直接与伦勃朗决裂，罗列出伦勃朗一项一项的"罪名"。

从自己一落千丈的境遇中，伦勃朗看见了世人的另一面——"吃人"和"兽性"的一面。他万万没有想到，无论是昔日的亲戚还是保姆基尔洁，这些人的嘴脸一下子变得那么坏，会在他流血的伤口上再撒上一把盐，在他掉进井里的时候再砸上一块大石头！他产生了一种从未有过的对人的惧怕和绝望的情感，也逐渐清醒了一些。莎士基雅的亲戚实际上代表了整个上流社会对伦勃朗的歧视和敌对。伦勃朗曾经以为自己凭着努力已经跻身于上流社会，现在莎士基雅不在了，他才明白，他与上流社会维系着的这根线也断了。原来误会自己的地位的人不是别人，正是自己！

一阵晕眩袭来，伦勃朗痛苦地倒下来。等他恢复了体力之后，外面的天已暗了下来，他锁上画室，下楼开了大门，消失在黑夜里。他要去找那个卖酒的朋友帮忙，麻醉一下自己。

第二天清晨，保姆基尔洁敲开了范·龙恩医生家的门，她光着脚穿着一双拖鞋，披头散发地站在门前，医生问："发生什么事情了？你这么早就来敲门？"

"发生了这世界上少有的怪事！"她开口就嚷道，"他在您这儿吗？"

"你这个'他'指的是谁呀？"

"还能有谁！不就是伦勃朗嘛！"

"从什么时候开始你对你的主人直呼起姓名来了！还一口一个他呀他的！"范·龙恩医生向来对基尔洁没有好感，

总觉得她不懂得谨守保姆的本分，在伦勃朗家里挑事儿。

“您瞧瞧他像话吗？妻子刚刚出殡没几天，一个大男人家的就不在家过夜了！真是见不得人的丑事，街坊邻居都在说他的坏话了。我为他累死累活，还天天垫出钱来买菜做饭，而他却根本不下楼来吃。昨晚一宿没回，不知道到哪里去了……”医生再也受不了这个粗俗的保姆在自家门前歇斯底里了，“砰”的一声关上了门。

最后还是范·龙恩医生在酒家找到了伦勃朗。伦勃朗像刚刚睡醒的样子，医生把保姆基尔洁找上门的事情告诉了伦勃朗，并再次真诚地劝他：“这样的保姆留着只会败坏你的名声，还是早日辞了的好！”其实莎士基雅在世时，范·龙恩医生就多次劝伦勃朗辞掉这个保姆，每次聊到这个话题，伦勃朗总是面带为难之色，并马上把话题岔开。他总说事情没那么容易，现在保姆难找，总之躲躲闪闪的。这次伦勃朗终于没有再犹豫，他再也忍受不了这个保姆的威逼利诱了，他下定决心要辞退她。

“你能借我五十个盾吗？我得凑钱辞退她！”范·龙恩医生听了这话大吃一惊，这个住在豪宅里的大画家，购买起昂贵的画时满不在乎，况且现在又继承了一大笔遗产，怎么还要向人借钱？医生有种直觉，还将会有更大的灾难发生在伦勃朗身上。

“如果你真的需要这笔钱来辞退基尔洁，我马上借给你，并且不要你付利息。”

“不，我会连本带利地还给你，只是现在手头紧张，一时拿不出钱来。”

保姆基尔洁当然不是盏省油的灯，当伦勃朗正式提出要辞退她，并拿出一笔钱打发她走时，她大闹了一场，还将她在戈达镇的娘家人叫来，正式向法院起诉伦勃朗。一向爱惜自己名声的伦勃朗想不到基尔洁的心肠这样毒辣。基尔洁在向法院提交的起诉书中诬陷伦勃朗，说在他家做女佣期间，伦勃朗多次奸污了她，并哄骗她一定会娶她为妻，最后还导致她怀孕。她把伦勃朗给她画的用来抵债的裸体画拿出来作为证据，还在法庭上声泪俱下地哭诉……

她的哭诉让不知情的阿姆斯特丹市民们都为她洒了一把同情泪，一时间，诅咒伦勃朗、同情基尔洁的舆论四起。本来对伦勃朗的诽谤已经随着莎士基雅的去世有所平息，现在又卷土重来，而且这次因教会的加入而变本加厉。“一波未平一波又起”，伦勃朗也是血肉做成的凡人，哪能承受这么多生活的打击呢？尚未从忧伤和创痛中痊愈的伦勃朗再次被推向了绝望的深渊。

受难的基督

像一个被社会抛弃的孩子，伦勃朗只能自己躲起来默默地舔伤口。在风与火的淬炼之下，伦勃朗认识了真正的基督，在他痛苦难挨的时候，他仿佛看见了真正的基督形象，仿佛尝到被钉在十字架上的那种承受人类全部罪孽和灾难的痛苦。和人类的痛苦相比，自身的痛苦又算得了什么呢！伦勃朗经此一劫算是真正大彻大悟，放下了之前的名利心。

一次，伦勃朗偶然看到几个冻饿在街头的儿童，在细雨寒风中躲在别人家的屋檐下，他顿生怜爱之心。这些失去父母的孩子，让伦勃朗想起了同样失去母爱的蒂图斯，也联想起自己的孤苦无依。其中最小的孩子才四五岁的样子，衣衫褴褛，冻得嘴唇发紫，紧挨着他身边的一个大孩子在瑟瑟发抖，“原来还有比我更倒霉，更无法自保的生命”。他忙不迭地跑上前去，脱下自己的外套，将这个小孩子抱在怀里，掏出一点零钱让几个孩子买面包吃。这时的他们相拥在一起反而有些“同是天涯沦落人”的感觉。

旁边的乞丐看见伦勃朗的慷慨大方，连忙爬过来向他伸出手来，他又看见一个瘦骨嶙峋的妇女抱着一个襁褓中的婴儿和一个眼睛全瞎了的老头……他又将身上余下的钱全部分给了他们，他们感激不尽地向伦勃朗磕头。“怎么这么多穷人？病人？无家可归的人？”伦勃朗的心灵受到了震撼。他把那个四五岁的孩子抱在自己的怀里，用自己的体温去温暖他，那孩子口中喃喃自语，伦勃朗仔细去听，竟然听到“感谢主基督赐给我食物……”，伦勃朗禁不住被感动了，哽咽着对那个孩子说：“我们都在受苦，我们都需要基督，不怕，基督会来拯救我们的，一定会来的!”坐在这群乞丐中，伦勃朗突然感到无比温馨，感到他们需要他。这些在痛苦和苦难中挣扎的人们，在这样一个地域，真诚地将这位掉入下界凡尘的天才紧紧抱入怀中。

伦勃朗想起基督和他的誓言：“我是为病人和有罪的人来到人间的。”此时他好像领悟了这句话的真正含义。他感到自己离基督很近，基督就好像站在自己的身旁。他遵从命运的召唤，在自己虔诚的信仰里寻找精神沃土，寻求自由与超脱。他自认是神圣艺术的祭品，认定殉道者的命运，用磨难来砥砺自己。

《圣经》再次滋养了他，他想起上次从《圣经》中获益还是在画犹大出卖基督的历史画的时候，那时的自己一心想要钻研绘画技巧，成为最优秀的画家，现在想起来才觉得自己已经走了很远了，当时的自己太年轻也太天真，只知道世间的“小我”，不知道画家悲天悯人的“大我”情怀。伦勃朗在精神上又找到了一片辽阔无边、令人愉快的“幻觉境地”。

经历了巨大的磨难，伦勃朗在绘画艺术上也逐渐成熟起来，他把自己痛苦的灵魂通过艺术皈依宗教，现在他的画作终于可以不受订件人的摆布，随心所欲地表达自己的所思所想了。当然在所有主题中，他最想创作的还是反映社会底层穷苦百姓题材的作品。在伦勃朗的一生中从未有一刻像现在这样，他感觉到自己与穷人是同呼吸共命运的。

和基尔洁的官司仍在持续，对阿姆斯特丹的空气感到窒息，产生了一种前所未有的厌恶感的伦勃朗，偷偷地到附近的乡村隐居了一段时间。

阿姆斯特丹近郊的农村，风景秀美，空气清新，蓝天一碧如洗，四周幽雅恬静，最主要的是那里没有恼人的指

《三棵树》素描稿

责声。伦勃朗置身于大自然的怀抱，治疗被重创的内心，仿佛是基督的旨意，受伤的伦勃朗有福了，朴实无华的乡村风景，阳光、树木、多变的云彩、广阔的景致、深远的天空，河流和沟渠，风车与磨坊，桥梁与农庄，都激起伦勃朗强烈的创作欲，他深得慰藉，拥有了崇高与宁静的心境。

《三棵树》的铜版画就是根据此地的风景速写而成的，这幅画以大雷雨来临前为背景，构图简洁有力，三棵茁壮成长的树，在一望无际的原野上突兀矗立，在暴风雨来临前，在电光骤风的震撼中，岿然不动，强悍的生机和坚忍不拔的品质成为伦勃朗信念的象征。

伦勃朗在风中呼吸到了另一种清新的气息，它来自人间的痛苦与创伤，不经历磨难的人难以呼吸到这么美妙的空气。那是基督对生灵们的爱抚，它散播在人间的四面八方，犹如旷野中的花朵，给疲累和饥渴的旅人们带来温馨。

《三棵树》成品

伦勃朗在一个新的高度鸟瞰人生之后，又回到纷繁庞杂、冷酷无情的现实生活之中。此刻，他的肉体已经生长出足够生存下去的勇气、力量和信念。不论是面对冷嘲热讽，还是流言蜚语，不论是人身攻击，还是对他命运的悲悯同情，他都非常冷静，他比所有人更了解自己，了解自己来到这世间的使命。

回到阿姆斯特丹，伦勃朗即刻着手创作一幅他已经思考了很久的铜版画——《基督为穷人治病》。他要画一个基督，能让受苦的人强烈地感受到的基督。基督充满人性，无论灾难还是痛苦，无论辱骂还是不义，都不能毁灭的温暖人性。

《基督为穷人治病》

这幅《基督为穷人治病》问世之后，引起社会上广大穷苦人民的极大反响，使人们震惊，赢得了公众的赞扬。人们争相购买，在拍卖的时候甚至打破以往的拍卖纪录，拍出了一百个盾一幅的高价，这使伦勃朗的经济状况暂时有所缓解。

与基尔洁的官司也有了好消息，开始这个女人得到广泛的同情与怜悯，伦勃朗遭到舆论狠狠的抨击，但是随着时间的过去，也没见这个女人“怀孕”的腹部隆起。法院又重新查出她与其他男人有染，特别是当她被医生确诊患有精神分裂症后，法院作出了伦勃朗无罪的最后判决。伦勃朗终于赢得了这场官司，但在经济上和名誉上都已经吃尽了苦头。不知为什么，他没有过多地考虑自己的名声，心里仍对败诉的基尔洁充满怜悯之情。

教会对他的《基督为穷人治病》发难，引起社会上的轩然大波。牧师们在布道的讲坛上公然宣称：“有位画家道貌岸然地画基督给穷人治病，他怎么有这个资格呢?”还有牧师嘲笑伦勃朗：“他自己已经病得很厉害了，还是先治好自己再管别人吧!”“他的铜版画居然卖到一百个盾的高价，真是不可思议，人们要警惕，千万不要被他从钱包里掏走那辛辛苦苦赚来的每一枚银币!”教会好不容易抓住伦勃朗的这个把柄，岂能善罢甘休？他们不满法院的判决，拼命要找些陈芝麻烂谷子的事情出来败坏伦勃朗的名声。

《浪子回头》

一位从意大利来的年轻贵族，在星期五的下午，来到约当布里街，专程拜访伦勃朗。看过画后，伦勃朗留他共进晚餐，刚开始进餐，客人就说："刚刚看了您的画稿，我非常激动。不瞒您说，此次我来到阿姆斯特丹是受了一位奖励人的委托来专程拜访您的。可惜我不能将这位奖励人的名字告诉您。他让我问问您，是不是愿意按拉斐尔的手法替我们画幅圣母像？"

"我已经按照伦勃朗·凡·莱因的手法画了很多幅圣母像了。"伦勃朗忍不住开起玩笑来。

"您大概还不知道，这位艺术奖励人对您的作品极为看重，他认为您是当代最伟大的画家之一。不过他认为您的画作受到了您的家庭和社会环境的影响很大，画得过于随意了一些，如果您肯稍稍作一些改动，往拉斐尔的风格靠一些，再给‘圣母’‘圣子’头上加上一片光，这只是您本人能看出来的小改动，那么您就会得到奖励人那方面不计价钱的回报。”

“谢谢您的那位赞助者，蒙他过奖，不胜感激！只是很难从命，我之所以按照我的方法画，是因为这恰恰是我的方法，要我改变它，这就跟改变我的身体和发型一样困难。我何尝不想按照你们的要求画出让世人满意的画来，那样我就能变成大富翁了，对吧?”

“啊，看来您不愿意那样做，我真为您感到可惜。然而，我刚刚看了您的画作，依旧被您的画作感动，真的很喜欢，每幅作品都是杰作。我会将我的想法写信告诉我的赞助人，看他是否改变想法。我会尽快给您回音的!”说着，客人起身告辞了。

凡是了解伦勃朗的人都知道他是不会那么做的，他不喜欢受人指使，不喜欢受束缚，尤其在艺术创作上。那种不向订件人让步的固执个性，使他酬金高昂的作品几乎绝迹。

就在此时，几个外出速写的学生回来，谈到一桩离奇的谋杀案，这已经是阿姆斯特丹街知巷闻的案件了。在波西米亚王饭店附近，一名外来的陌生中年男子在半夜离奇地被杀了。清晨，从婚宴回来的市民发现了尸体并立即报了案。警察赶到现场，经过仔细搜寻和勘察，发现这名男子身上所有的口袋都被掏空，扔在地上的一把刀沾满血迹，警察认定这是一起抢劫凶案。

经警方调查，证实了这名男子与一个犯罪团伙有联系。他们调查了旅馆、酒店和所有轮船码头，发现这名男子在本周内和另外一对夫妇模样的男女一起乘船从英国来到阿姆斯特丹，三人落脚在案发的旅馆内。下午的时候这名男子出去过一趟，像是怕人发现似的，是偷偷从后门走出去的。据值班的侍者回忆，这名男子还问了赫特渠畔街的位置，他出门之后，那对夫妇悄悄地跟在他的身后。晚上的时候三个人才先后返回。到了凌晨，那对夫妇说有事就匆匆地离开了。侍者见他们没有带行李，以为他们只是离开一小会儿，但是自那之后却再也没有回来。

直到案发，警察询问到旅馆，侍者才带他们上楼开门寻找，除了一些零碎的衣服和一只破破烂烂的皮箱，就剩下那张扔在床上没有付款的住宿单了。很显然，那对男女追杀了他，并抢走了他随身的财物。

伦勃朗听完整个谋杀的案情之后，有个细节引起了他的注意，他问那个学生："你没听错？死者打听的是赫特渠畔街？""这个关键的细节怎么能听错呢？老师，他要找的就是您住处前面的那条街——赫特渠畔街呀！"

说起这条街，伦勃朗简直太熟悉了，因为范·龙恩医生就住在那条街上。伦勃朗隐隐有一种预感，有什么不幸的事要发生了。

这天，范·龙恩医生起了个大早，因为医学会今天轮到他给学生们上解剖课。用过早餐，他便提个箱子，提前到达了解剖厅。学生们还未到，他又抬头欣赏了一下自己的朋友伦勃朗的杰作——《杜尔普先生的解剖课》。

学生们到齐之后，围在解剖台的四周，解剖台上的尸体像往常一样用一块白布盖住脸以示对死者的尊重。解剖用的尸体由市政府提供，医学会来安排这一系列的事宜，担任解剖课老师的医生无权过问尸体的来源，也没有必要过问。

范·龙恩医生戴上手套，熟练、从容地剖开尸体，从胸腔内取出心脏，他今天要给学生讲解内脏的构造，首先得从心脏讲起。他正准备侃侃而谈，一位学生为了看清楚心脏的形状，不小心碰掉了盖在尸体脸上的白布，无意中，范·龙恩医生看到了死者的那张俊脸，刹那间他惊呆了！这怎么可能？躺在解剖台上的尸体正是他的亲哥哥！他手上拿着的正是同胞兄弟的心脏！他不相信，定睛再看，得到确证，他眼前一阵发黑，失去知觉，由学生抬回了家。

他醒来时，闻讯赶来的伦勃朗和罗伊斯伯爵都守在他的身边，这两人都是范·龙恩医生共患难的挚友。惨痛的打击使范·龙恩医生说不出话来，只能呜呜地啜泣，翕动嘴唇说："看见了哥哥，看见了哥哥。"一想到同胞兄弟竟然以这样惨烈的方式见面，范·龙恩医生两眼就止不住流泪。伦勃朗虽没见过范·龙恩医生的哥哥，但是他听人提起过，范·龙恩医生的父母去世后只留下了兄弟两个相依为命。他的哥哥是个不安分的人，早年由于不满家庭的束缚，不满周围的环境，离家出走，流浪到了英国，后来在伦敦定居。靠自己的辛勤劳动，哥哥不仅学会了金银首饰匠的手艺，还娶到了自己爱慕的女人，成立了家庭，谁知这个女人与一个好吃懒做、游手好闲的骗子勾搭上了，吵着要和他离婚。他不忍心看着妻子和那个男人受穷，因为他仍然爱着自己的妻子，所以他用自己拼命劳动换得的收入供养他们二人。随着年纪渐长，思乡情浓，他写信回来寻找亲人。范·龙恩医生先给他去了信，说父母已经过世，生前一直思念着他，盼他归来。哥哥回信说他对不起父母，一定要回到阿姆斯特丹，后半辈子要和弟弟一起生活。只是立即启程还有困难，决定了行程后会立即通知范·龙恩。范·龙恩医生一直盼望着哥哥的归来，还在房子里安排了哥哥的房间，想让哥哥一回来就感受到家的温馨……万万没有想到是这样的结局。

原来他哥哥决定回阿姆斯特丹之后，那对好吃懒做的人眼看着生活无着，不顾哥哥执意反对，紧随着他来到阿姆斯特丹。他害怕牵连弟弟，坚决不肯透露范·龙恩医生的住址，想暗地里自己去找，然而最终还是没有摆脱掉他们，被谋财害命。

经多方面的疏通，阿姆斯特丹当局同意把这件案子当做一件特殊案件来处理，但是仍然不允许把范·龙恩医生的哥哥葬在教堂的墓地里，因为按照阿姆斯特丹的法律，凡是与犯罪团伙有牵连的死者，同绞刑犯一样，不准进入教堂墓地而只能用作医学解剖，所以范·龙恩医生哥哥的尸体才会被送到解剖厅用于医疗教学。范·龙恩医生只好在教堂旁边埋穷人的院里给哥哥买了一块安身之地。

《浪子回头》

伦勃朗去参加了葬礼，他知道范·龙恩医生为了让哥哥有个完整的尸体，撑着自己病重的身体，坚持给哥哥做完了尸体的缝合手术，把那颗浪子回头的心重新安放到胸腔内。

不善言辞的伦勃朗，感到无法用言语安慰范·龙恩医生那颗受重创的心，葬礼之后，他回到自己家里，急急翻找出那块已经在上面修改过多次的《浪子回头》的铜版画原型，带着强烈的情感修改画面，一针一针刻到深夜，并连夜赶制出来。

第二天清晨，一夜没睡的伦勃朗捧着一个扁平的小纸包，放在了范·龙恩医生的床前，范·龙恩医生打开一看，是一幅崭新的极为感人的《浪子回头》铜版画，上面还留着墨迹的清香，在这幅画的下面，伦勃朗用工整清晰的笔迹写了下面的话："永远悼念，让我同你一起分担悲伤。"

没有声音，两双手握在了一起。

第6章：苦难历程

不被承认的婚姻

自从被基尔洁纠缠之后，伦勃朗是“一朝被蛇咬，十年怕井绳”，他从此再也不敢找年轻的保姆来照顾蒂图斯了，在案子审理期间，他只是随便雇了一名老人替他照顾蒂图斯，除了每日为面包奔忙，绝大多数时间他都投入绘画的创作中，可这终究不是长久之计。

基尔洁的案件告一段落后，很多真正关心他的朋友又和他恢复了交往。与犹太人的交往也越来越多，不少犹太画商经销他的版画，并与他熟识起来。其中犹太画商弗兰逊就是他的好朋友之一，每当看到伦勃朗家里杂乱无章的样子，弗兰逊就劝他再找一名女仆。蒂图斯需要一名固定的保姆，弗兰逊更是热心地为他物色起来。

一天，弗兰逊带来了一位非常年轻的乡下姑娘。这姑娘个子很高，只有十八九岁的样子。弗兰逊告诉伦勃朗，这姑娘是从荷兰、德国边境的一个小村子到阿姆斯特丹来找工作的，弗兰逊问她愿不愿意做一段时间的保姆工作，她就答应了。于是，弗兰逊就领着这个乡下姑娘到伦勃朗的府上来。这个乡下姑娘手里提着个包袱，一进门就抬头怯生生地四下张望。她看到伦勃朗和弗兰逊从楼梯上下来，赶紧把头低下去。

站在楼梯口的伦勃朗，谨慎地打量着这个姑娘，她穿着一身浅棕色的紧身布裙，头上系着一顶白布帽，一副乡下人的打扮。姑娘的头低得几乎看不到脸，尽管如此，伦勃朗还是感觉到了这个姑娘身上有一股干净得如同泉水一样的气质。

“你给什么人做过保姆吗？”伦勃朗问道。

“没有，但我会干很多活儿。”姑娘的头稍微抬高了一点，声音不大，伦勃朗却听得很清楚。

“你来过阿姆斯特丹？”

“没有，这是第一次。”

“你叫什么名字？”

“亨德里治·斯托菲尔斯。”她抬起头，望着伦勃朗，腼腆地回答道。

画家的眼睛是厉害的，伦勃朗看到一张散发着青春光泽的、美丽的脸和一双明亮的大眼睛，那眼睛里透露出纯洁无瑕和温柔的理性。不知怎么的，他对这个姑娘一下子充满了好感。然而，伦勃朗马上克制住了想要立刻留下她的冲动，理智告诉他不能再惹上基尔洁那样的麻烦，越是想要雇佣的人越是要刨根问底，弄清底细：“家里还有什么人吗？他们都在干什么？”

“还有父母，他们都在老家干农活。还有个姐姐，已经出嫁了，在家乡附近的布里佛尔特村，家里再没有别的亲戚了。”

“你的老家离阿姆斯特丹大概有多远的距离？”伦勃朗被基尔洁弄得心有余悸，基尔洁的家离得太近，有点什么风吹草动她就喊来娘家人助威。

“啊，我算算呀，大概有一个星期的路程吧。”亨德里治想了想回答。

伦勃朗这下彻底放了心，离这里很远，估计是不会有什么事，即使发生什么事，也来得及应付。他突然觉得这姑娘很文静，知书达理，不禁问道："你一定念过书吧？会不会写字？"

"我没有念过书，也不会写字。我很想念书，但是家里很穷，也不让女孩子念书。"她红着脸答道。

"好吧，你就留下试用一个月。每个月的工钱是三十个盾。那间是保姆房，你去收拾一下就可以住下了。你先休息一下，待会儿带你去见蒂图斯，就是我的儿子。你的主要工作就是照顾他，顺便收拾一下这个家。"

"是，主人。"

弗兰逊得意地问伦勃朗："怎么样，不错吧？完全是按照你画的《圣家族》上的圣母玛利亚的形象找的。"

"看上去似乎可靠，不知道以后会怎么样。"

"不管怎么样，蒂图斯又有人照顾了，你又可以腾出全部精力来画画了。哎，你还得赶制一批安罗斯牧师的铜版肖像画，蒙诺派教徒又有人要买……"

亨德里治的到来，改变了伦勃朗的整个生活。约当布里街这所大房子里又有了生活的气息。整个家收拾得干干净净的，小蒂图斯也被打扮得漂漂亮亮的，饭菜做得美味可口，伦勃朗非常满意。

如一缕阳光温暖地照进伦勃朗的心里，亨德里治的出现使他的生命注入了希望和爱的血液。每天清晨起床，伦勃朗不再感到苦涩，他深感快慰，对基督的赐予满怀感激之情。朋友们也来得勤了。他们每次看望伦勃朗，都能感受到礼貌周到的款待，尝到十分可口的饭菜，看到这位姑娘对孩子和伦勃朗无微不至的照顾，有位朋友甚至开玩笑说：“嗨，伦勃朗，你这老鳏夫哪来的这个福分？”说得伦勃朗心里美滋滋的。

此时艺术走向成熟的伦勃朗遇到了生命中第二个钟爱的人，他不仅追求着朴素、内在、真挚的艺术之境，也正追求着花一般美丽善良的“爱神”。但是伦勃朗的爱意需要宣泄，他把他浓浓的爱意转化为艺术创作不竭的灵感，早年他读《圣经》的时候就看到过苏珊娜与拔示巴的故事，他也曾经以莎士基雅为模特，画出他想象中的苏珊娜沐浴的一幕。见到亨德里治，伦勃朗想再创作一幅《苏珊娜》。像以前一样，他仍把故事的场景安排在苏珊娜急忙回头上岸，准备穿衣但还来不及穿衣的那一幕。不同于前一幅画的地方，是在惊恐地护住自己身体的苏珊娜背后，他要塑造出两个色鬼的形象，令这个故事的画面讲述更加完整。

伦勃朗请求亨德里治为自己担任一次裸体模特，这是请求，不是命令。亨德里治在伦勃朗家里感到自己是个受尊重的人，没人像伦勃朗那样温柔体贴地爱护自己。连乡下的父母也未曾给予她这样的温暖。作为下等人，她的存在不值什么，无异于这个世界上的猫狗。来到这个陌生的大都市，她没想过要回去，更别说要保持清白的身子。况且已经到了青春年龄，迟早都要嫁人的她，只祈祷能够碰上一个对自己好点的男人。对于伦勃朗的照顾，她只能以拼命干活来报答。

然而，伦勃朗的这个请求还是吓坏了这个乡下姑娘。这就意味着浑身脱光给他看，她觉得害羞极了，她犹豫着。这个画家是个非常善良的好人，但是的确有她不能理解的地方。亨德里治沉默不语地低着头，伦勃朗不想勉强她，转身想要离去，却听到亨德里治轻轻地说："我愿意，不过请不要把我画得太像。"

第二天在约定好的时间之前，亨德里治做完家务，待蒂图斯熟睡之后，来到伦勃朗的画室。伦勃朗已经将一切准备工作做完。他越尊重她就越将她看成是不可多得的珍宝，对自己实行严格的戒律。当亨德里治脱下衣服摆姿势时，他也绝不借故去动手动脚，只是口头上提示，让亨德里治自己体会。

紧张的工作开始了，当面对造物主的精美造物，伦勃朗仍然充满崇敬，满怀激情地挥笔，沉浸在美妙的幻觉世界里。他画得很快，当他在初稿上画下最后一笔时，还未从幻觉中清醒过来，竟拿着画笔，双眼痴痴地向亨德里治走去。亨德里治紧张地望着他，他走到亨德里治面前，用沾满颜料的双手捧起她的脸，吻了吻她的唇。亨德里治的身体像闪电般缩回，下意识地抓紧自己的衣服，脸一下子变得通红。伦勃朗才发现自己的鲁莽，尴尬地解释：“喔喔，对不起，我太冲动了，我忘了告诉你，今天已经画完了，你可以穿上衣服了，请原谅。”

伦勃朗重又走回画架，背过身去默默地收拾起画具来。

亨德里治被伦勃朗深深地打动了。刚刚那一吻让她的心中一下子甜蜜起来，内心升腾起一股陌生的情感，伦勃朗的尊重和爱护让她对伦勃朗的好感又向前迈了一步。初尝了爱情的滋味，眼前这个矮胖的中年男人一下子嵌进了她的心里。

《亨德里治》

他俩的爱情，在互相尊重和敬爱中发展起来。伦勃朗内心充满了创造的欢乐。在他的创作激情的指导下，亨德里治在他的笔下幻化成“皇后”“精灵”“花神”等等美妙的形象。此刻全心沉浸在爱情里的伦勃朗忘记了基尔洁的教训，还是没有忍住对亨德里治做到“发乎情，止乎礼”，最后美丽的亨德里治还是怀孕了。

《亨德里治》

这可把伦勃朗高兴坏了，一心想要给亨德里治一个名分，他越来越觉得像亨德里治这样年轻的姑娘没名没分地跟着自己这个鳏夫，实在是委屈了她，内心对她的爱意和怜惜更加深了一层。其实在伦勃朗朋友的眼中，亨德里治早就是这个家的女主人了，她不仅善良地照顾伦勃朗父子二人的生活起居，把这个家的一切打理得妥妥当当，而且还激发了伦勃朗的创作热情。与伦勃朗合作的画商朋友们明显感到，自从亨德里治来到后，伦勃朗就进入了高产阶段，其中大部分还是以亨德里治为原型的作品，画风也更加明朗艳丽，看得出来这个姑娘给了伦勃朗人生的第二个春天。

但是现实总是无情的，伦勃朗迟迟无法与亨德里治完婚，其中最主要的原因还是莎士基雅的遗嘱。当年莎士基雅的遗嘱规定，一旦伦勃朗与其他女子再婚，莎士基雅留下的五万个盾的遗产的所有权就要归蒂图斯，但是哪来的五万个盾的遗产呢？当年莎士基雅死后，因为她的亲戚的百般刁难，伦勃朗感到万念俱灰，自己被上层社会彻底抛弃了，不！应该说根本没有接受过！伦勃朗最终根本没有拿到一分钱，但是现在如果他想与亨德里治结婚，他就必须先理清几年前的财产纠纷，拿到莎士基雅的遗产，然后再到法院填写数不清的表格，办理繁杂的过渡手续，这一切的一切，由于那些刁钻难缠的姻亲，根本是不可能办到的！

所以伦勃朗与亨德里治只能一直同居下去，尽管善良的亨德里治一直安慰伦勃朗自己不在意名分，可是伦勃朗的内心始终难安，亨德里治越是善解人意，伦勃朗越是感到对不起她。

然而怀孕的肚子随着时间的推移越来越显，邻居们的闲言碎语满天飞，亨德里治没事就不出门，即使出门也尽量穿着宽松的袍子。即使这样还是没有逃过教会的折磨。阿姆斯特丹的宗教协会作出一致裁决：鉴于一名来自平凡农村地区的女子亨德里治·斯托菲尔斯同一名叫伦勃朗·凡·莱因的画家姘居，宗教协会作出决定，命令亨德里治八日以内前来宗教法庭受审。

传票在晚上六点左右送到了伦勃朗家中，邻居们看到邮递员送来盖着“阿姆斯特丹宗教协会”图章的传票，都围上来看热闹：“哈，要受审判了，我都说了男女姘居能有什么好下场，现在连孩子都有了，真是不知羞耻。”

“可不是，现在牧师要审问他们了，看这个画家有什么可说的。”他们猜错了一个细节，传票上只有亨德里治，没有伦勃朗，因为他早就被教会除名了。拿着传票的亨德里治紧张地看着伦勃朗，她在等这个家的主心骨发话。

“别理他，让他们都见鬼去吧!”伦勃朗一把抓过传票撕了个粉碎，“不要害怕，他们不敢把我们怎么样，你只管放心。”

一个星期后，第二封传票又来了，这次是伦勃朗收的，还没到亨德里治手里，伦勃朗就先一步把它丢到了沟里！还冲着送传票的邮递员大声威胁：“你要是再来纠缠我妻子，看我不把你按到门后的那条臭水沟里！你主子有话，叫他亲口来对我说，你们别再来烦我了!”

相对于伦勃朗的桀骜不驯，被公开指责“同居”的亨德里治吓坏了，她吃不下饭，也睡不着觉，面对强大的宗教势力她感到走投无路，而且她深知像伦勃朗这样不管不顾、一意孤行只会更加惹怒教会，把事情越闹越大。善良的亨德里治决定瞒着伦勃朗偷偷去宗教法庭受审。她独自认了罪，面对一群食古不化的卫道士们的恶毒指责，她只能求饶。作为对“罪人”的惩罚，亨德里治被剥夺了参加礼拜和领取圣餐的权利。

亨德里治的内心受到了巨大的伤害，要不是有伦勃朗做她的精神支柱，她恐怕早就倒下了。从宗教法庭回来的那天，她昏迷不醒，还不断地流冷汗，说梦话，吓得全身发抖，多亏范·龙恩医生赶到给她注射了镇静剂才安静下来。

这种打击对于一个即将分娩的孕妇几乎是致命的，它直接造成了亨德里治的难产。她的分娩持续了三天四夜，痛得亨德里治只求速死，不幸中的万幸，最后她与女儿“柯娜莉亚”还是活了下来，母女平安。

破产的打击

伦勃朗在经历过了教会的干预之后，立即又投入到他的工作之中，原来负责这个家庭财务的亨德里治也在养病和照顾新出生的婴儿，他们两个人都没有发现一场更大的危机正在悄悄地逼近。

伦勃朗的财政状况实在是令人担忧，他没钱了就去找人借，到处举债，又从不记账，所以他也不清楚自己到底欠了多少钱的债务。再加上他年轻时养成的豪奢的习惯，只要他想要的东西，就会想方设法、不顾一切地得到，手头没有钱的时候，任何人都可以成为他的债主。

最可怕的是，他以一般人都认为是财务上最危险的“连锁借贷”在举债。比如说他先向某个犹太商人借了一千个盾，为期一年，百分之五的利息，他再向另一个人借一千个盾，为其半年，利息百分之六，他就会用从第二个人那里借来的钱去还第一个人的债。这样循环往复，外加累积利息，债就会像滚雪球一样越滚越多。这种“连锁借贷”在二十年之后的结果可想而知。

伦勃朗本应该清楚他自己的财务状况，但是他却从不把这些“小事”放在心上，所以一点也不了解自己的危机。大账、小账数不清，大债主、小债主也越来越多，伦勃朗终于不知不觉地陷入一个无法挣脱的、被债主们包围的困境之中。

以前，人家冲着他良好的经济状况和高贵富有的妻子才不断借债给他，后来又听说他有大笔的遗产也很放心，但是现在人们对他财务状况的怀疑越来越多。他妻子留给他的那笔“遗产”，迟迟不用来还清欠债，到底用来干吗了？有人偷偷暗示法院，怀疑他的还账能力，还有人请银行对他的经济情况进行调查。

从银行出具的伦勃朗的经济情况调查里，一些人真正了解了伦勃朗的经济状况，他早就穷困至极，濒于破产。调查报告中说：

“……早在 1636 年，伦勃朗买下了他现在居住的位于约当布里街的房子，原房主是帕尔东斯牧师，房价是一万三千个盾。议定买下一年之后先付四分之一，其余六年内分期付清。这所超出了他生活地位的房子，据说是为了配上他妻子娘家的地位而购置的。妻子继承父母遗产共五万个盾，但是这笔钱他似乎分文未得，因为即使他花大笔金钱购买他所热衷的古玩时，也付不出应该分期付清的房款。

“此后，他似乎已经忘记了他还有未付清的房款，连本带息不打算偿付了，而利息却逐年增长，现今已达八千多枚银币，是他的财力远远无法支付的。在私人方面，目前仅知除了八千多枚银币的房款外，他至少在本市参议员科纳里斯·奈生手上还有 4180 枚银币的借据，在本地商人凡·赫支庇克的手上有一张 4200 枚银币的借据。

“另外，还有一些能证实的债务包括，他拖欠全市各种不同人等的无数宗小额款项，如面包店、食品店、医生，画框、画笔、颜料经销商等。

“作为银行经理，我要奉劝你们，千万不要借钱给这种人，如果已有欠债，赶紧讨回，如果他愿意用古董抵押，那么就挑几件贵重的。目前他已经陷入无法解脱的债务困境，别想从他那里拿到分文现金。

“我们的结论是，资产：以高价抵押出去的一座房屋和满屋子的艺术品，但是鉴于当前对英战争导致的经济萧条，他的艺术品此刻很难估价，他即使有意还债，手头也没有可以抵债的有效证券和存款。负债数额：不详，但远远超过了三万个银元。信用：此人为零。”

这份经济调查报告下面还注明了“此文件保密”。可是不知通过什么渠道，这份报告还是流传了出去，现在“伦勃朗要破产了”在阿姆斯特丹已经成为公开的秘密。伦勃朗头痛欲裂，每当等这些食品商、面包师、卖肉的、卖菜的、放高利贷的走了之后，他就叫亨德里治拿烧酒出来，靠它刺激白天衰弱的神经来维持晚上的工作。当他工作了一整夜刚想休息一下的时候，大门便被催债人擂鼓般地捶得咚咚响。

伦勃朗正如自己所说生活方面毫无智慧，他不知道“秩序”和“规律”是有望铲除破产恶魔的手段，如果事先不弄清楚自己欠债的多少，他就永远也还不清。跟不知数目的债务搏斗，如同在黑暗中跟看不清的敌人搏斗一样。但到了这个节骨眼上，伦勃朗仍然拒绝花时间来认真思考、严肃对待这个问题。

伦勃朗开门一看，今天来的是住在临街的面包师和镇上的颜料商人，这个颜料商人提供的颜料是伦勃朗感觉试用之后全阿姆斯特丹品质最高的，所以理所当然他的颜料售价最高。往日对于金钱没有概念的伦勃朗哪里管这些，他只知道嘱咐颜料商："只管给我最好的，钱不是问题。"可是现在问题来了，长年赊欠颜料商的结果就是自己到底欠了多少钱也不知道。只见讨债人气势汹汹地冲上门来，颜料商手里拿着赊欠的单子，理直气壮地冲伦勃朗喊道："伦勃朗，今天你必须还了之前赊欠的颜料钱，否则我今后将停止颜料的供应，你上次问我要的新颜色也暂时不给你了，等你还清欠债再说。""不好意思，我现在手头实在没钱，你看能不能过几天还给你呀，颜料您可千万不能停，我还指望它作画呢！""过几天？那到底是几天呢？我告诉你，今天别想用这样的理由轻易地把我打发了，这个理由我已经听过太多次了。今天我不讨到钱就不走了。"一旁的面包师也连声附和："是呀，是呀！我们今天都不走了，看你有没有钱！"

伦勃朗此时被他们两个弄得焦头烂额，再加上一夜没睡，现在只感觉到头晕目眩，四肢无力，内心一股绝望之情升腾起来。讨债人越聚越多，他们大吵大嚷地把两个孩子吵醒了，两个孩子惊慌失措地哭起来，亨德里治也害怕极了，只能尽力哄着两个孩子："好了，乖，快别哭了。"

终于有一个讨债的人坐不住了，他直接对伦勃朗喊道："你别在我们面前装可怜，欠债还钱，天经地义，今天我们是一定要讨到钱回去的。如果你还不出钱来，我们只能拿你们家的艺术品来抵债了。"

说完这话，他真的在客厅里踅摸起来，他看重了一幅挂在拐角处墙上的油画："伦勃朗，你欠我五百个盾，我看这幅油画画得挺不错的，兴许还能卖几个钱，我先拿走抵债。"说罢，他就直接从墙上粗鲁地摘下了这幅画。伦勃朗回头一看，这个讨债人看重的是一幅拉斐尔的真迹，这幅画是自己的"心头肉"呀！当初自己在古董街一眼相中的它，可是花了七百个盾的高价买下来的，怎么能让这个不懂欣赏艺术的莽夫拿去呢？那岂不是糟蹋了名画？伦勃朗当即起身要去拦住他，可是那债主早有准备，护住油画一甩手，伦勃朗就栽在了地上。其他讨债人一看这情形，立刻一哄而上，都在伦勃朗的客厅里选了自己看中的艺术品，甚至有人为了同一幅画大打出手……伦勃朗无力阻止混乱的场面，只能看着这群强盗洗劫自己的客厅，他捶着自己的大腿愤怒地叫道："这群强盗！"

就在此刻，亨德里治带着一名身穿黄色长外套的年轻人进了屋子，这个人像个案件承办者的助理。

"我可以同伦勃朗·凡·莱因先生说两句话吗？"来人朝混乱的人群中高声问道。

伦勃朗灰头土脸地从地上爬起来，掸了掸身上的灰尘，"我就是你要找的伦勃朗，请问有什么事情吗？"

"没什么特别的事情，只是受人所托，把这份文件交给您。"

伦勃朗走上前接过黄色的大信封，"里面是什么东西？"

"破产通知书。"

顿时，伦勃朗一句话也说不出来了，呆若木鸡地靠在那里。来人十分明白这份文件会给当事人造成的打击，识趣地悄悄走了。客厅里继续上演着争夺艺术品的大战……

创作的鼎盛期

周围一片死寂，伦勃朗和亨德里治相对无言地坐着。此时远处教堂的钟声敲响了，伦勃朗轻声地问道：“现在是什么时候了？”“晚上六点了。”“最近总是天黑得特别早。”亨德里治眼见着伦勃朗要站起来，她立刻伸手扶了他一把，尽管如此，伦勃朗还是踉跄了一下。讨债的人都走光了，亨德里治终于有机会安安静静地看看伦勃朗了，接到破产通知书的伦勃朗好像一下子苍老了十岁。他原本散发着睿智之光的双眼充满了焦灼，鬓角的白发也好像是一夜之间长出来的一样，下巴上的胡楂泛着青色，她突然意识到伦勃朗，作为这个家的主心骨，的确受到了很大的打击。

“要离开这所房子了，这里不再是我们的家了，其他我倒是不在意，可是亨德里治，我对不起你呀，让你这样没名没分地跟着我，现在我竟然连一日三餐都没办法保障了，让你和孩子们跟着我受苦了。”

“别瞎说，我跟着你很幸福，你是我见过的对我最好的男人，我一点也不后悔。再说房子没有了我们可以再找嘛！来，我们先去收拾行李。”善良的亨德里治此刻还在安慰着伦勃朗。

根据《破产法》的规定，破产者的全部财产一星期后都要被暂时全部没收，由法院派人来一一登记清理然后再行拍卖用来抵债，破产者不得带走任何一样物品。

冷静的亨德里治先带两个孩子回房间睡觉，然后自己一边收拾行李，一边安慰伦勃朗：“这对我来说不算什么，我在乡下的时候就过惯了穷日子，住在大房子里，我每天要打扫卫生，反而不习惯了。”

亨德里治在伦勃朗破产之后更加显示出她的善良天性。其实，一次又一次的打击早就使伦勃朗和亨德里治的精神饱受折磨，两个人的身体都迅速地垮下去。但是亨德里治仍然以常人难以想象的勇气挑起了这个家的重担，因为没有人比她更清楚，她的“丈夫”伦勃朗是个生活能力极差的男人，他只能生活在自己幻想的艺术殿堂里，想要撑起这个家，给两个孩子温饱的生活，这一切还得靠她。

范·龙恩医生和罗伊斯伯爵听到消息，第二天一早就赶到了伦勃朗的家中，这两位真挚的朋友无论伦勃朗遭遇多大的灾难也始终陪伴在他的身边。在范·龙恩医生的帮助下，伦勃朗一家找到了一处在卢新渠畔的住宅，那所房子比起伦勃朗原来居住的豪宅实在小得很，但是由于伦勃朗和亨德里治不愿意接受范·龙恩医生的接济，身边只能拿出这么多钱来租下它。他们一家终于还是要离开位于约当布里街的房子了。

伦勃朗环顾这所房子的一切，想起自己在这所房子中也居住了二十多年了，这所房子里到处都是自己和莎士基雅、亨德里治的甜蜜回忆，伦勃朗一下子百感交集。还有那些收藏品，它们都是自己花了二三十年收集起来的。伦勃朗抚摸着一幅幅油画和一件件雕塑、手工艺品，他悲哀地喃喃自语："你们是我最心爱的宝贝，现在我不再是你们的主人了，我甚至无权再抚摸你们，我真不忍心看别人糟蹋你们……"他又抬起头，恋恋不舍地看着他煞费苦心收集起来的古董和名画，到头来竟没有一件能够保住，"让我再好好看你们最后一眼吧，希望你们能落在有眼光的人手中，懂得你们价值的人能够好好珍惜你们。"

匆匆而来的马车装好一家人简单的行李后，迅速地离开了。

在经历过人生的大喜大悲之后，伦勃朗的绘画思想和技艺反而成熟了，他迎来了创作的高峰期。但是，此时的伦勃朗早就声名狼藉，再加上他的画风被认为是“过时”的，早就没有人找他订油画了。

17 世纪的荷兰，海上贸易发达，孕育出了一大批资产阶级新贵，他们崇尚奢靡、细腻的画风，力图展现出自己这一代巨额财富的积累，好光耀后世。所以，为了满足市场的需求，当时的人物肖像画大都笔触细腻，颜色富丽堂皇，基调明快。可惜在这个崇尚金钱的年代，伦勃朗专注于他的绘画实验，此时的画风更加阴暗，他尝试以大片的黑色来强调光和影的效果，这显然是不能满足市场的，所以伦勃朗的画作在市场上一幅也卖不出去。

但是这丝毫没有影响他创作的热情，尽管大多数的作品不能出售，但是伦勃朗还是每天重复高强度的绘画工作，因为绘画是他的生命，没有绘画，他的生命也将走到尽头。连范·龙恩医生也劝伦勃朗要注意身体：“你这是何苦呢，就按照订件人的要求来画吧，你毕竟还是要生活的呀!”

“年轻时我爱慕虚荣，喜欢把自己打扮成大富豪，竭力装扮成很有社会地位的样子，现在才知道我那时候是多么愚蠢。现在我一无所有，心里反而觉得踏实了，现在的我只想为了自己内心的真实而活着，那些订件人的要求恕我难以办到。”

其实了解伦勃朗的人都知道他是不会答应的，经历过大风大浪的伦勃朗现在早就归于平静。亨德里治知道伦勃朗不画画根本活不下去，但是他的画早就没有经销商肯经销了。亨德里治有个主意，她想以蒂图斯和自己的名义，合伙筹集资金，开个小画店，以聘请伦勃朗为画师的方式，让伦勃朗得以继续从事他热爱的绘画事业。如果按照这个计划实行，他们的生活就有稳定的着落了。

亨德里治找到范·龙恩医生、弗兰逊和哥比诺儿这些伦勃朗的挚友商量并请求帮助，伦勃朗的这几位挚友都被亨德里治的深明事理、忠诚善良感动了，都认为这是个既不损伤伦勃朗的自尊，又能使他重拾自信的好办法。

弗兰逊很了解艺术市场的行情，两年来伦勃朗的油画几乎没有卖出去过，但是他的铜版画却卖得很好，因为铜版画经过制版之后可以大批制造，售价低廉，满足平民的消费需求，而且自从伦勃朗破产之后无论是他的内心还是画风都更加接近穷人，受到了大批穷人的热烈追捧。弗兰逊带着蒂图斯一起去追回铜版画的原版，蒂图斯经过了家庭的巨变，也早早地成熟起来，早就不是当年那个嗷嗷待哺的娃娃了。他们跑遍全城，和画商们达成协议，每印一次就付一次版税给他们，这些画商早就在伦勃朗身上赚足了钱，而且以前经常卖画给伦勃朗，于是爽快地答应了。

弗兰逊又打探到有一部铜版机要折价出售的消息，他仅仅用六十个盾便买了下来，作为送给伦勃朗和亨德里治新店开张的礼物，这使伦勃朗又能放开手脚工作了。

伦勃朗就像个追求纯真信念不放的孩子，他无比珍惜时间，工作强度令人吃惊，有时不讲任何经济效益地日夜工作。他一坐在画架前就像钉在那里一样，画着一些永远卖不出去的画作，朋友们责怪他这样下去无异于自掘坟墓，可他根本不理睬，甚至连和朋友散散步的时间也不肯花。等到夜深人静，人们都睡去了，只有上帝在旁边观看的时候，伦勃朗还守在铜版机前拼命地干着。当太阳染红了整个阿姆斯特丹，工作了一整夜的伦勃朗仅仅到画室小睡一会儿，马上又到画架旁边画起来，生怕浪费了白天的一寸光阴。

第7章：最后的打击

新市政厅的绘画订件

八年来，阿姆斯特丹政府为了庆祝荷兰共和国的独立和城市的繁荣，一直在修建一座大型市政厅。由建筑设计家雅各布·范·康宾受命设计，现在已经全面竣工，后面的任务就是给这座富丽堂皇的大楼进行室内装修设计了。

市政厅是个时髦的话题，几乎全城人都在关注它。原来那个市政厅太老了，和如今这个面向全世界的阿姆斯特丹实在太不相称了，所以在1653年市政厅被大火烧毁时，没人为它可惜。新的市政厅造价不菲，但是异常结实坚固，人们期待着它能使用千秋万代。它的地基下面埋了一万三千九百八十根挪威松木，它的底部面积宽大，有好几层楼的大小不一的房间，还有无数烟囱和房顶上许多用以防火的蓄水池。

那么谁来承接画在墙壁上的大量的历史画、肖像画，还有那些新审判厅天花板上的绘画订件呢？伦勃朗的朋友们毫不怀疑他的才能，他们始终坚信他会接到订件，连伦勃朗这次也有些跃跃欲试了，毕竟这样能把自己的艺术才华展现在世人面前。但是一切的发展却背道而驰。据说新市政厅的订件大部分都给了佛兰德斯画家，就连伦勃朗的学生弗克林、鲍尔、杜乌都接到了订件，可是画家的名单中却偏偏没有伦勃朗，这让大家大失所望。

还好有弗兰逊这个最忠实的朋友，即使在这样的时刻也不抛弃伦勃朗，当他听到伦勃朗没有接到订件的消息之后，他四处奔走为伦勃朗争取订件。但是在这样的时刻又有谁会出手相助呢？

无奈之下，弗兰逊只能找伦勃朗的学生鲍尔，他这次也接到了新市政厅的订件，弗兰逊希望能通过他为伦勃朗争取到订件。

为达目的，弗兰逊只能冒昧地登门拜访。一到鲍尔的家，他就开门见山地说："鲍尔先生，我听说您接到了这次新市政厅的订件，先恭喜您！好好把握这次机会，想必今后您定能名扬天下！”

“喔，承您吉言，先谢谢您的好意了。”鲍尔显然因为这次订件而感到兴奋。毕竟接到新市政厅的订件意味着自己的画风为整个上流社会所接受，如果上帝保佑画得出色，那么成为家喻户晓的大画家就指日可待了。

“我这次来是想拜托您一件事情，想必您也一定听说了您的老师——伦勃朗先生，没有接到这次的订件，没有人比您更了解他的绘画功底了，以他的能力，怎么可能轮不上为新市政厅作画呢？所以我冒昧打扰，想让您从中斡旋，看看能不能为伦勃朗争取到一幅订件。”

鲍尔的脸色一下子凝重起来，其实他刚刚和弗克林接到新市政厅订件的时候，早就想过要为老师争取订件了。但是两人更加清楚，虽然他们尊敬老师，也希望能对伦勃朗有所帮助，然而如果自己出面说情，恐怕自己的订件也难以保住。鲍尔坦白地对弗兰逊说：“人们以为佛兰德斯的画家比我们的画家更加高明，他们处理裸体十分精细，人们喜欢他们的高雅情趣，而老师的画风早就不受欢迎，不是嫌他太灰暗就是嫌他太浓重，再不就是太过分。作为他的学生，实际上为了生存，我们已经被迫改变了从老师那里学来的技法，而更多地加入佛兰德斯的画风。假如我们现在按照老师的画风继续画下去，我们可能会饿死。几乎没有人愿意买老师的画了。现在要是我出面为老师说话，立即会遭人斥责，我们所能做的也不过是在我们的画中多加入一些佛兰德斯的风格罢了。”

弗兰逊明白鲍尔也有他的难处，勉强鲍尔为伦勃朗说话恐怕只能适得其反。所以他只能黯然地离开了鲍尔家。可怜英雄无用武之地，新市政厅的订件从此伦勃朗就不能参与了。事情本来已经没有任何希望了，谁知道在新市政厅装修进行到快两年的时候，意外发生了。伦勃朗的学生弗克林突然得急病去世了，丢下手中未完成的工作无人可接。恰巧在这个时候，杜尔普出任阿姆斯特丹的市政府议员，接管了重任，成为全城最受敬重的人物之一。新市政厅也不再是引人关注的话题了，当杜尔普考虑由谁来接任弗克林的时候，弗兰逊适时地向他进言推荐伦勃朗。杜尔普思考了一下，他今日的声誉与二十年前伦勃朗画的那幅《杜尔普先生的解剖课》息息相关，伦勃朗成就了他，对他有知遇之恩，当即他就答应把这幅未完成的画交到伦勃朗手上。

这是一幅历史画《克劳狄·西维里斯的起义》，表现的是由于伟大的巴塔维亚英雄西维里斯的起义，荷兰人民摆脱了罗马帝国的统治。这个故事成为荷兰战胜西班牙的英勇故事的象征，原定于悬挂在市政厅前大厅的回廊上。

接替自己死去的学生才得到这幅订件的事实，当然使伦勃朗的内心有些抑郁，但是他是个天生就为了画画而存在的艺术家。当他在新市政厅重新拿起画笔在墙上作画的时候，这一切屈辱早就不重要了，伦勃朗重新快乐得像个孩子。在作画的几个月里，亨德里治和蒂图斯也被伦勃朗发自内心的愉快感染了，家里又有了欢声笑语。蒂图斯已经长大，他专心地管理着小画店，又联系经营绘画生意，干得很起劲，而亨德里治则操持着家务，虽然生活条件远不如住在约当布里街的时候，但是却越来越有一个家的样子了。

伦勃朗针对这次订件的主题进行了深刻的思索：既然这是一次密谋的反叛行动，那么场面必然发生在夜间，要等罗马人熟睡之后才能开始行动，所以这幅画的画面处理更要强调夜间的黑暗效果。再者，当时的荷兰只是一个小渔村，是实实在在的蛮荒的北欧之地，西维里斯也不过是个蛮族的领袖而已，决不能把他画得穿金戴银，一定得是粗衣麻布的打扮才行，要画出我们北欧祖先的粗犷来。

伦勃朗挑选了一幅六十英尺的大画布，这是他创作以来采用的最大的画布了。他想把西维里斯起义的领袖画成一次盛宴上的中心人物，这个中心人物正以这次宴会为掩护，向那些追随者讲述这次起义的计划。

克劳狄·西维里斯被他处理成一个“独眼龙”，他要表达出一种凛然的“壮士一去兮不复还”的英雄气概，同时还要表现出一种起义前恐怖和紧张的气氛。整个起义毕竟是秘密行动，如何使整个场面沉浸在数盏油灯的光亮里？这个问题竟使他好几个月都废寝忘食，全力以赴。最后他选择了用暗底照射的方法，呈现出这样的神秘气氛，终于达到了满意的效果。

这幅画很有震撼力，令人惊异。“独眼英雄”占据主要位置，他手中的宝剑露出闪闪的寒光。整幅画面风格冷峻洗练，大刀阔斧，显出雄浑、深沉、悲壮的意境。伦勃朗仔细地端详着自己的作品，生怕漏掉一点细节，他嘴角微微翘起，“这就是自己奋战了几个月的作品呀！”它几乎耗干了伦勃朗的所有心血，“阿姆斯特丹的市民们一定会为了这幅画而激动的！”他期待着人们看到这幅画的反应。

交完订件之后，伦勃朗显得有点焦躁不安，人们到底会有什么反应呀？但是这次他等来的不是赞美与祝贺，却是市长官员们一致断然无礼的否定。他们说：“这幅画真是丑怪无比！光线全部错了！有谁见过这种怪诞的色调？色调简直暗得让人无法接受。”结果这幅画压根没让世人一睹真容，直接就让伦勃朗自己处理掉。

伦勃朗怎么都没想到等待自己的是这样的结果，他拖着本就蹒跚的步伐来到新市政厅，亲手将这幅自己的心血从墙上卸下来，他一边卸画一边心里在滴血，不仅因为那是他奋战了几个月的杰作，更因为还要忍受把自己的画作卸下来的痛苦。

据说这幅“巨大的怪画”卸下来之后，伦勃朗抑制不住内心的悲愤，把自己和这幅画关在画室里。亨德里治敲了敲他画室的门：“吃饭了，求您了，伦勃朗，出来吧，有什么事情，你可以告诉我们呀。”

死寂，唯有死一般的沉寂回答了亨德里治的哀求。亨德里治只能无奈地摇摇头走开了。两天以后伦勃朗终于从他的画室里走了出来。亨德里治和蒂图斯赶紧迎上去，“怎么样，饿不饿，累不累？要不要吃饭？喔不，还是先洗个澡吧！”他们俩的两颗悬着的心终于放下了。当亨德里治走进伦勃朗的画室收拾东西的时候，她看见那幅巨大的画被伦勃朗裁成了四块，她震惊得说不出话来，要知道伦勃朗是最珍惜他的作品的，这画平时就连她和蒂图斯都是不能碰的。“把它卖给废品处理商。”身后传来伦勃朗消沉的声音。

最后还是无人赏识这幅画的艺术价值！新的市政大厅里，弗克林死后留下的那块空壁最后由一位年轻的画家补上。根据市政府的明文规定，对于一个实际上没有完成创作任务的人，不能付以报酬，伦勃朗只好将自己辛辛苦苦创作那幅画得到的一千个盾的硬币，一个子儿也不少地转给了那位年轻画家。

几个月的心血，多少不眠之夜，伦勃朗换来的又是“一文不值”。

亨德里治病逝

卢新渠河畔贫穷、安宁、温馨的生活，使伦勃朗又创造了几乎是全新的绘画风格。亨德里治无微不至的照顾和温良驯顺，再加上小女儿柯娜丽雅的乖巧可爱，这一切都使伦勃朗对生命怀有深深的感恩之情，他也渐渐从新市政厅订件失败的阴影中走了出来，更热情地追求着新的生活。

每到夜里，烛光微弱地照在狭小的桌面上，伦勃朗像头耕牛般安静地做着自己的事情。他磨尖一根钢针，然后在铜版的蜡面上一针一针地刻。除了眼前的这块铜版，他什么也听不见，什么也看不见。突然，他又感觉到一阵天旋地转般的晕眩，随着年龄的增长，这样的情况也越来越常见了。然而，就在同时，他的圣经主题的油画和寓言场景的铜版画却展现出最为雄阔的风格和炉火纯青的技术。

早年成功的刺激和聚敛财富的欲望，以及后来养家糊口的压力和迫于还债的逼迫，使他练就出超人的工作耐力和坚忍的意志。那时，他精力充沛，作画时即使疲劳了也能继续画，几乎是马不停蹄地创作出一幅又一幅优秀的作品。在他巨大的才能和苦干精神的背后，他克服的不仅仅是疲劳，还有不断袭来的人生烦恼和灾难，以及长期无视健康带来的各种疾病。伦勃朗的绘画实验长期使用的颜料都是自制的，带有强烈的毒性，对这一点他也不是不知，但是长期放置在家中，还是对莎士基雅和亨德里治的健康造成了极大的损害。伦勃朗更是由于长期接触和使用那些颜料，尤其是那些用来腐蚀铜版的东西，比如硫酸、硫黄等，他的眼睛和身体机能遭到严重的损毁。现在他常常觉得头痛，心脏难受，两边肩胛骨疼得厉害，有时甚至全身不适。

但是在伦勃朗倒下之前，亨德里治却先一步倒下了。亨德里治多年来承受的精神重负和体力重担终于在她身上造成悲剧性的恶果。难产以后，她的身体没有得到很好的恢复。在小女儿柯娜丽雅一岁的时候，她又罹患重感冒，本应该卧床好好休息，但是她又强忍病痛干又重又累的家务活，致使虚弱的身体遭受肺结核病魔的侵袭，感染上了肺病。伦勃朗破产前后，她的精神又日益处在紧张、疲惫的状态，加上营养不良、劳累过度，肺结核越来越严重，大大缩短了她年轻的生命。但是，亨德里治再苦再累也咬牙挺住，不让伦勃朗为她操一点心。为了给予伦勃朗无私的爱，她甚至不惜赔上自己的性命。

迟钝的伦勃朗哪里知道这些，他每天回来之后看到亨德里治吃饭没有胃口，睡觉经常失眠盗汗，他还以为是照顾自己、照顾这个家累着了，他只是淡淡地嘱咐亨德里治：“没事多休息休息，别干那么多活儿，知道吗?”“嗯，你放心吧。”亨德里治笑了笑，善良的她只想把自己的病能瞒多久就瞒多久，给伦勃朗争取更多的时间去专心地创作。

亨德里治又熬过了夏天，但是在秋天来的时候，一件在门前发生的事情刺激了她的神经，让她的病提前发作了。

那天的午后，太阳晒得四周暖洋洋的，就连久病在床的亨德里治也忍不住让柯娜丽雅扶着自己到院子里晒晒太阳，太久没有晒到阳光的亨德里治下意识地用手挡了一下阳光，她在女儿的搀扶下在摇椅上坐定。“你回去吧，我在这里坐坐。”“嗯，那好吧，你也不要坐太久，小心着凉了，我就在屋子里，有什么事情叫我就行了。”“好。”柯娜丽雅在母亲身上披了一条薄毯就回去操持家务了。现在母亲的身体状况需要好好静养，实在不能操劳，家里的家务活还得靠柯娜丽雅。

正当亨德里治晒着太阳迷迷糊糊快要睡着的时候，她突然听到一个女人的尖叫声："救命呀，救命呀！"她睁开眼就看见一个烂醉的流氓举着一把菜刀，正追着一个纤弱的女人不放。眼看醉汉就要抓住那个女人了，亨德里治无比愤怒，掀开身上的毛毯，不顾一切地冲出去制止那个醉汉。那个女人的叫声吸引了周围的邻居来帮忙，最终，亨德里治在邻居的帮助下救下了那个女人。

"噗"，人群散开之后，亨德里治一下子吐出一口鲜血，随后就是剧烈的咳嗽，这可把柯娜丽雅吓坏了，她不顾母亲的反对，执意找来了范·龙恩医生。医生给亨德里治检查了一番。

"你都病得这么严重了，之前怎么不及早就医呢？"范·龙恩医生的表情凝重起来，脸上写满了对她延误就医的责怪。

"医生，我自己的病我自己能不清楚吗？您就直接告诉我吧，我这个样子还能拖多久？"

"如果你积极治疗，少操些心，多活几年是没有问题的。但是如果你还像之前那样糟蹋自己的身体，那我也帮不了你。”

“我知道，但是我不想耽误伦勃朗画画，我要给他营造最温馨的环境来创作，您也知道他离了画是活不下去的！所以，范·龙恩医生，我求求您，不要把我的病情告诉伦勃朗，好吗？求您了！”

“亨德里治，你知道你现在在干什么吗？你在玩命呀！这样下去，你真的会没命的！”

“我知道，但是医生，我心意已决，为了伦勃朗，这些都值得。”

范·龙恩医生被眼前的亨德里治深深感动了，这个柔弱的女人展现出了惊人的力量，医生不得不答应她的请求。尽管如此，医生还是在心里默默祈祷：但愿伦勃朗能够自己发现亨德里治的异样，到时候就不算自己不信守承诺了。

1662 年的深秋，一天清晨，伦勃朗醒来，亨德里治没在床上，伦勃朗有种不好的预感。他连忙翻身坐起，只见亨德里治躺在离窗户不远的地板上，已经停止了呼吸。显然，她是半夜感到喘不过气来，想要起身打开窗子呼吸一下新鲜空气。到死，亨德里治都信守自己的誓愿，不愿惊动熟睡中的伦勃朗。

伦勃朗惊慌失措地抱起地板上的亨德里治，将她放到床上，急忙唤起蒂图斯去请范·龙恩医生，但是当范·龙恩医生赶到的时候，亨德里治的遗体都已经凉了。

柯娜丽雅趴在母亲的身上大哭起来，蒂图斯也泪流满面。伦勃朗疲惫不堪地坐在那里，满脸木然的表情。

亨德里治·斯托菲尔斯出现在伦勃朗的生命里，给了他生命中第二度青春和光照艺术的创造力和活力，给了他最后几年的快乐时光。现在，她又像天边一道美丽的晚霞，转瞬间从伦勃朗的生命中消失了。

再画《浪子回头》

被打击的次数多了，伦勃朗渐渐感到麻木了，他现在算是真正地体会到了“大悲无声”，但是他多么希望自己永远也不要懂呀！亨德里治是上帝赐予他晚年最珍贵的礼物，在自己得意的时候，她默默地陪在自己的身边，不计回报地付出一切；在自己破落得被全世界抛弃的时候，即使众叛亲离，她还是那样温柔相待。

伦勃朗早就遍体鳞伤，也无所谓重与不重，疼与不疼了。命运的摆布随处可见，除了承受只能是承受，他开始怀疑是不是命运在与自己开玩笑，为什么死神一次又一次地降临在自己最亲近的人身上，只留下自己这个糟老头子苟延残喘呢！他好痛！他也好恨！但是伦勃朗清楚自己在这个世上的使命还没有完成，他还有两个孩子需要照管，他们是莎士基雅和亨德里治留给自己最宝贵的财富，后半辈子的磨难使他特别重视家庭的温暖与亲情，特别爱护他的一双儿女。

伦勃朗迅速地见老了，即使他自己不承认，但是每当他还像以前一样夜以继日地工作到天明的时候，总是感到抑制不住的疲惫像潮水一样涌来。孩子们也成长起来了，蒂图斯更是担起了养家糊口的重担，独自一人挑起了小画店的生意，但是生意也并不好做，特别是对像蒂图斯一样刚刚上手的年轻人。

一天下午，店里来了一位穿着打扮看起来极为绅士的中年男子，他看了眼店外的招牌和蒂图斯，礼貌地开口：“请问这里有一位名叫伦勃朗的画家吧？我无意间看见过他的铜版画《浪子回头》，我十分喜欢，我想出资请他再画一幅《浪子回头》的油画。”

蒂图斯当然是大喜过望，当即应承下来，回家告诉父亲，伦勃朗于是起早贪黑地构思起来。

蒂图斯如今二十七岁了，终于迎来了自己的终身大事，可是伦勃朗现今家徒四壁，家境拮据，又有哪家姑娘的父母愿意把自己的女儿嫁到伦勃朗家里受苦呢？但是蒂图斯年纪不小了，一直照顾着家庭，挑起一个儿子和哥哥的责任，无暇考虑自己的婚事，家里的情况实在容不得他挑三拣四，最后他娶了玛卡琳娜——一个邻居的女儿。

蒂图斯早就知道自己的这位新夫人不是什么善茬，所以决定婚后搬出去居住，免得喜欢搬弄是非的玛卡琳娜惹得老父亲生气。玛卡琳娜家境不太好，长得也不算漂亮，可是她就是有一种莫名其妙的优越感，嫁给蒂图斯，她感到受了委屈。玛卡琳娜即使在伦勃朗面前也毫不避讳，直言抱怨自己“命运不济，生不逢时，否则应该穿金戴银地度过一生，而不是嫁给窝囊废蒂图斯”，每每都把蒂图斯和伦勃朗气得七窍生烟。

与其说蒂图斯爱她，倒不如说蒂图斯娶她是因为自己年纪不小了，需要一个妻子，但是体质一向不好的蒂图斯绝对不会想到结婚会给他带来的厄运，死神已经悄然而至。不知从什么时候起，蒂图斯也染上了肺结核，这种病在他身上一直以“性欲过旺”的症状表现出来，正值青春盛年的他对此一无所知。假如他不结婚，性欲一直得到压抑，也许能够活得更加长久一些，但是夫妻生活迅速地掏空了他的底子，再加上玛卡琳娜终日骂骂咧咧的，蒂图斯已经时日无多了。

看到儿子长大成人，伦勃朗当然非常高兴，他想自己虽然老了，好歹有子孙在身边，当儿子搬出这个家放心不下老父亲时，深为儿子幸福着想的伦勃朗还安慰他：“这么多年了，你照顾我尽心尽力。现在你的妹妹也长大了，她可以在我身边多待些日子照顾我，你就放心去过自己的小日子吧!”

同父异母的柯娜丽雅像她母亲一样忠诚善良，从小就在艰难的环境中长大，使她具有同龄人没有的早熟懂事，遇到爸爸的朋友和她开玩笑：“可爱的姑娘，打算什么时候出嫁呀?”

柯娜丽雅就会红着脸很认真地发誓：“我永远守着爸爸，一辈子不出嫁!”

苦难中的这家人，无需过多的言语，他们最懂爱的含义，儿女敬爱父亲又互相爱护，爱在这里实实在在地存在于他们的血液之中。

1668 年 9 月的一天，伦勃朗家的门在半夜被敲开，蒂图斯的一位邻居匆匆跑来报信，说蒂图斯突然患了重症，眼看就快不行了，叫伦勃朗赶快到儿子那里去。伦勃朗让女儿去请范·龙恩医生，自己在那位邻居的搀扶下急急忙忙地赶往蒂图斯的住处。

蒂图斯在床上因失血过多而神志昏迷，他大口大口地喘着气，脸色煞白，眼睛紧闭，玛卡琳娜在床边恸哭。范·龙恩医生赶到，见此情形已知无法抢救。持续到第二天清晨，情况似有好转，可到了下午，病情突然恶化，蒂图斯永远地离开了人世。蒂图斯一句话也没有留下，死因是肺结核的内出血。

伦勃朗一直呆呆地坐在那里看着儿子慢慢地死去。当抬走儿子的遗体时，他久久站不起来，他不明白命运为何会这样对待他，让他眼睁睁地看着死神再次降临，抽去他生命的支柱。

这最后一击对伦勃朗来说是致命的。晚年丧子终于耗尽了他的全部力量和勇气，持续不断的打击使这个百折不挠的钢铁硬汉崩溃了。他再也支撑不住地躺下了，连挣扎起来参加儿子葬礼的力气都没有，他心里明白，自己的生命怕是也走到尽头了。

生存下去需要勇气，一次次地战胜绝望，就像一次次地战胜自己的死亡。伦勃朗不在乎死神取走自己的性命，他早知结局一定是虚无，而他却从不放弃拼搏的努力和对命运的抗争。一生奋斗落个一无所有，他不悔，也从未悔过！他相信命运最终可以毁灭他，却最终不能打败他！可这次，他仿佛再也经不起命运残酷的捉弄。虽然深谙生命之无常，人世欢乐之短暂，伦勃朗还是厌倦了，他不禁仰天长叹：“主呀！你为何还要让我再体会一次生离死别的痛苦呢？难道这些年几个孩子、莎士基雅和亨德里治的离开还没有让你满意吗？我该怎么做呀！”

悲痛万分的伦勃朗还记得蒂图斯几天前让自己绘制《浪子回头》，没想到这最后一幅画都没能画完儿子就走了，永远地离开了自己。“对！我要画完《浪子回头》，这是蒂图斯临终前交代我的事情。”伦勃朗虽然大受打击，但是他还是强忍着悲痛，他要借《浪子回头》这幅画让儿子的形象永远复活在自己的心里。

蒂图斯儿时带给伦勃朗的欢乐一幕幕浮现在眼前，儿子白皙的皮肤、晶莹的眼睛、纤弱的体质都遗传自他的母亲莎士基雅。在这个争强好斗的世界上，男孩子生张漂亮的脸庞实在毫无意义，但是他却给伦勃朗带来了极大的安慰。每当伦勃朗思念亡妻的时候，总是能在小蒂图斯身上找到莎士基雅的影子，所以自从莎士基雅去世后，伦勃朗就爱儿子如生命，常常以儿子的形象来描绘各种先知。

幼小的蒂图斯常常跟着父亲学习各种画制作的过程，他不仅天资聪颖，有绘画天赋，而且有浓厚的兴趣，他是伦勃朗的希望和骄傲。儿子的死比两位爱妻的死来得更加突然、更加惨烈，伦勃朗几乎没有任何心理准备，一种撕心裂肺的绝望笼罩了伦勃朗。在画室里，伦勃朗终日近乎痴呆地坐着，心里隐隐地淌着血。他借画中老父亲的那双手颤颤巍巍地抚在儿子的肩上，寄予了无限的舐犊之情。

最后的自画像

伦勃朗又站了起来，坚持每天画画，他用蒂图斯留下的颜料，画最后的一幅画。精神的折磨远比病痛来得更加可怕，他开始终日咳嗽，继而整夜整夜地睡不着觉，但是只要他的手触到画笔，眼睛看到画面，痛感就会减轻不少，他的心灵和手指颤抖着，可仍然在那里苍劲地运动着。

能变的都变了。光线变得昏暗，人变得苍老多病，房子变得破旧贫寒，生活变得冷冷清清。令朋友们惊异的是，每次来总有一件事情不会改变，那就是伦勃朗会如一尊雕像一样伫立在那里不停地画，口里还总是念叨着那句话："请原谅，我得赶着把这点画完，这'光'马上就要消失了，很快就要消失了……”

朋友们看到他的境遇，无不慷慨帮助，他们问伦勃朗需要什么，他总是说什么都不需要，只需要静静地思考。就在这样如疯似癫的状态下，伦勃朗完成了他最后的自画像。

虽然他之前也画过很多自己的自画像，但是这一幅显然和前面的有很大的不同，这幅自画像更像是他对自己人生的总结，他以悲剧的力量刻画了正在衰老的自己。他那如耶稣般忧郁的眼神，疲惫地、痛苦地注视着这个世界。那不愿放弃的探究追寻的目光，仿佛先知般地洞穿人类，令驻足在这幅自画像前的人们都会产生无比的惊惧之感。正是这样一位老人，以悲惨一生的代价，在孤僻的画室里孤独地开拓出超越时空的境界，径直穿越各个时代向今天的人们走来。

自画像完成了，伦勃朗终于熬不住了，他受够了命运对他无情的嘲弄，终于可以到天堂与自己最爱的亲人们见面了，那里有他的莎士基雅、他的孩子们，还有他的亨德里治。想到这里伦勃朗不可抑制地闭上了自己的眼睛，唇角荡起一抹不易察觉的微笑，这丝笑容让他苍老的脸庞焕发出迷人的光辉。伦勃朗知道，这大概是最后一次了，他把自己的一生都献给了他最爱的绘画。

老年时期自画像

伦勃朗终于生病了，这次病情很重，急得柯娜丽雅连忙找来了范·龙恩医生。这些年来，也只有范·龙恩医生和少数几位挚友仍跟父亲保持联系，如今家徒四壁，除了范·龙恩医生愿意看在昔日的情谊上出手相助，整个阿姆斯特丹哪里还有医生愿意来瞧一瞧这位昔日无限风光的天才画家伦勃朗啊！

“怎么样?”柯娜丽雅急忙迎上去，范·龙恩医生无奈地摇了摇头，柯娜丽雅顿时觉得被人浇了一盆冷水，从头凉到脚，“真的没救了吗?”“伦勃朗的病是积劳成疾，如今又受了蒂图斯之死的打击，恐怕他熬不过来了。”闻言，柯娜丽雅几乎哭倒在范·龙恩医生的怀里，医生也分外怜惜这个身世可怜的女孩。

半个月后，这颗璀璨的艺术之星在阿姆斯特丹的上空悄然陨落，很少有人知道伦勃朗的死讯，因为在这座城市人们的心目中伦勃朗早就是一个过时的画家，死不死早就无关紧要了。

在盖棺定论的一二百年后，历史和人们开了个大大的玩笑，它让伦勃朗的幽灵复活在他的画中，让他的名声大大传扬开去，并迅速响彻全世界！伦勃朗的作品变得价值连城，成为世界各大博物馆竞相收藏的艺术珍品，他的绘画成就也成为全人类精神宝库中一笔巨大的遗产，他艺术作品中闪烁的人性、灵魂之品质，打动了无数人，放射出无比傲人的光芒。

附录：伦勃朗年谱

1606 年 7 月 15 日，生于荷兰莱顿的一个磨坊主家庭。

1613 年，进入拉丁语学校学习。

1620 年，进入莱顿大学学习法律，但注册后不久就退学了。

1621 年，跟随斯瓦宁堡学习绘画。

1623 年，去阿姆斯特丹向历史画家拉斯特曼学画。

1625 年，在家乡开设画室，成为一名独立的画家。

1627 年，伦勃朗已经基本掌握油画、素描和蚀刻画的技巧并发展了自己的风格。开始招收学徒，期间画了许多自画像。

1631 年，伦勃朗离开莱顿去阿姆斯特丹，成为阿姆斯特丹的主要肖像画家。

1632 年，阿姆斯特丹公会和慈善机构要装饰他们的会议厅，伦勃朗应邀创作《杜尔普先生的解剖课》。

1634 年，伦勃朗终于追求到贵族少女莎士基雅并与之完婚，他为此创作《与莎士基雅的自画像》。

1632 年至 1642 年，伦勃朗享受了 10 年顺利富足的生活。

1642 年，阿姆斯特丹城市自卫队委托伦勃朗绘制团体肖像《夜巡》。

1662 年，伦勃朗接到了人生中最后一幅订件，为阿姆斯特丹的布商同业公会画一幅群像。布商们在阿姆斯特丹的画家中犹豫不决时想到了伦勃朗，伦勃朗也想通过这幅画恢复自己在画坛的地位，他精心创作了《取样官员》。

1668 年，伦勃朗唯一的儿子蒂图斯因急性内出血而死，伦勃朗大病一场。

1669 年 10 月 4 日，伦勃朗在贫病交加中去世。

知识窗：“伦勃朗光”

一代美学宗师宗白华说：“荷兰大画家伦勃朗是光的诗人。他用光和影组成他的画，画的形象就如同从光和影里凸出的一个雕刻。”在西方画坛上，有不少人致力于光线的研究，伦勃朗就是一位杰出的代表，他创造了被后世称为“伦勃朗光”的画面光线处理方式。

伦勃朗式用光是一种专门用于拍摄人像的特殊用光技术。拍摄时，被摄者脸部阴影一侧对着相机，灯光照亮脸部的四分之三。以这种用光方法拍摄的人像酷似伦勃朗的人物肖像绘画。伦勃朗式用光技术是依靠强烈的侧光照明使被摄者脸部的任意一侧呈现出倒三角形的亮区。它可以把被摄者的脸部一分为二，同时又使脸部的两侧看上去各不相同。如果用均匀的整体照明，就会使被摄者的脸部两侧显得一样了。

参考书目

【1】侯文娟. 艺术世界 ABC：伦勃朗. 北京：中国人民大学出版社，2008.

【2】娄毅. 伦勃朗传. 河北：花山文艺出版社，1998.

【3】［美］房龙. 伦勃朗传. 河北：河北教育出版社，2005.

【4】［荷兰］伦勃朗. 纪念伦勃朗诞生 350 周年特印画集. 北京：人民美术出版社，1956.

伦勃朗作品——《夜巡》